라벨로 보는
프랑스 포도주의 이해

차례
Contents

포도주의 무한한 다양성과 정체성

프랑스의 음식 문화에서 포도주가 차지하는 비중은 매우 높다. 그리고 우리나라에서도 포도주에 관한 관심이 높아지면서 포도주에 관한 책과 자료를 많이 접할 수 있게 되었다.

특히 프랑스 포도주와 관련해 지역·문화적인 관점에서 접근한 논문도 다수 발표되었다.

그러나 우리가 직접 접하게 되는 라벨에 관한 심도 있는 고찰은 부족한 실정이다.

이 책에서는 이와 같은 공백을 보완하기 위해 발효와 같은 알코올음료의 화학적 특성이나 시음이라는 측면보다는 지역·문화적인 관점에서 프랑스 포도주를 이해하기 위해 프랑스 포도주 라벨에 관해 이야기할 것이다.

포도주의 무한한 다양성

포도주는 재료인 품종과 생산 지역 그리고 자연환경뿐만 아니라 수확 연도, 양조가, 보관 방식과 기간, 병을 여는 시점, 함께 하는 음식과 분위기 등에 따라 맛이 모두 다르다. 포도주 종류가 너무 많아서 평생을 마셔도 모두 알 수 없고, 그 핵심을 지탱하는 요소는 무한한 다양성과 그에 따른 지적 호기심이다.

이처럼 포도주를 알아간다는 것은 세상에 존재하는 사람들만큼이나 많은 포도주 중에 내 취향과 삶의 열정과 통하는 포도주를 찾아가는 과정이라고 할 수 있다. 그 과정에는 특정 요리와 어울리는 맛있는 포도주를 발견하는 기쁨이 있고, 좋은 사람과 포도주를 마시고 소통하며 함께 나누는 즐거움이 있다.

포도주와 정체성

포도주는 또한 생존을 위한 필수적인 식품이 아니라 개인이 좋아해서 즐기는 기호 식품이다. 이처럼 포도주의 선택은 '개인의 기호'임을 명심해야 한다. 따라서 어떤 포도주가 꼭 좋은 포도주라고 강요하는 것은 곤란하다.

좋은 포도주란 비싸거나 명성이 높은 포도주가 아니라 자신의 취향에 맞는 자신이 좋아하는 포도주다. 그러므로 포도주는 자신이 좋아하는 것이 무엇인지, 다시 말해 자신의 정체성을 찾아주는 식품이기도 하다.

포도주는 그야말로 병마다 각자의 맛과 개성을 갖고 서로 다름을 뽐내고 있는 무궁무진한 다양성의 세계다. 그러므로 이 속에서 자신이 좋아하는 맛을 찾아간다면 결국 자신만의 '맛'에 대한 정체성을 찾을 수 있을 것이다.

그러나 획일적인 맛에 익숙하고, 자신만의 판단이 아니라 외부에서 주어진 가치에 익숙한 '우리'는 이 '안심되는 세계'로부터 벗어나서 자신만의 '맛'을 찾아가는 그 '모험'이 처음에는 힘들 수도 있다. 다양한 종류의 포도주가 너무나 많고, 스스로가 모든 것을 결정해야 하는 세계이기 때문이다.

나와 다름에서 과연 '나의 정체성'은 무엇인가? 우리가 '나'라고 생각하는 것이 진정한 '자아 성찰'의 결과인가? 외부로부터 주어진 '나'는 아닌가? 이 모든 질문에 답을 구하기 위해서, 이제 포도주를 마시자! 그래서 내가 좋아하는 '나의 맛'과 '나의 정체성'을 찾아가는 신나는 모험을 시작하자!

포도주 라벨은 이와 같은 무수히 다양한 포도주를 통한 모험 여행에 훌륭한 길잡이 역할을 할 수 있을 것이다.

전경준

포도주 라벨이란?

포도주병에 부착된 라벨은 그 포도주의 신분증이라 할 수 있다. 라벨의 사명은 병 속에 든 포도주의 정보를 제공하는 것으로, 이 정보는 그 포도주를 마시는 데 반드시 알아야 할 사항이다. 때에 따라서는 그 포도주를 마셔야 할 적정 시기를 알려주기도 한다.

이처럼 포도주 라벨은 우리가 포도주를 대할 때 가장 먼저 시선을 끄는 요소이다. 다른 포도주와의 구별을 가능하게 해주는 동시에 어떤 포도주에 속하는지도 알려주는 집약된 정보를 담고 있는 매체라고 할 수 있다.

게다가 텍스트와 이미지로 구성된 많은 다른 대상들처럼

포도주의 라벨은 그 라벨을 마주하는 사람들이 갖게 되는 포도주에 대한 표상과 상상 그리고 구체적인 행위를 결정하기도 한다.

이 같은 함축적 메시지는 어휘나 인쇄의 형태 그리고 그림 등의 선택과 관련이 있다. 또한 이들 요소의 중첩이나 배열과도 관련이 있다.

포도주 라벨에 기재되는 사항이 메시지의 언어적 측면에서는 제도적으로 규정되어 일정한 틀을 지켜야 한다. 그러나 라벨에 이들 언어적 부분과 함께 제시된 그림 부분은 포도주 생산자(양조장)의 자유로운 개인적 표현 수단이라 할 수 있다.

이처럼 포도주 라벨은 흥미로운 관심 대상이 될 수 있다. 포도주 라벨을 단순히 포도주병에 부차적으로 붙여져 있거나 그저 판매를 위한 상표로서의 구실만 하는 것으로 취급할 수도 있다. 그러나 포도주병에 부착되어 매년 수백만 부 이상 배포되는 인쇄된 종잇조각은 항상 표준적이거나 한결같은 형태가 아니라 시간의 변화에 맞게 개성을 표현하고 있다.

많은 매장에서 빛깔, 생산 지역, 품종, 원산지 명칭 등에 대한 서로 다른 내용의 라벨이 부착된 다양한 포도주를 판매하고 있다.

이들 라벨이 내용물에 대해 소비자에게 어떠한 형식으로 신뢰를 줄 수 있는지 의문이 들 수 있다. 그리고 소비자의 라벨에 대한 지식의 정도 차이가 있는 상황에서 라벨에 기재된 요소가 소비자 수준에 따라 서로 다른 역할을 하고 있는지에 대한 문제가 제기될 수 있다. 또한 다양한 포도주 라벨이 소비자의 공인을 얻기 위해 사용하는 요소에 차이점이 있는지도 살펴볼 수 있다.

상품에 부착되는 다른 상표와 마찬가지로 포도주 라벨에 게시되는 내용은 법적으로 규정되었다. 어떤 사항은 포도주 라벨에 반드시 표기되어야 하지만, 의무적 표기 사항이 아니지만 포도주 품질에 대한 좋은 이미지를 알리기 위해 특별히 끼워 넣는 내용도 있다.

이 책에서는 우선 포도주 라벨이 어떻게 법적으로 규정되고, 어떤 요소가 의무적으로 라벨에 들어가야 하는지 설명할 것이다. 또한 프랑스 포도주 라벨에 있는 샤토Château, 크뤼Cru, 원산지 명칭, 수확 연도 등과 같은 다양한 사항이 구체적으로 어떤 의미인지 이야기할 것이다. 그리고 프랑스 포도주 산지의 다양한 라벨이 어떤 점에서 차이가 있는지도 알아볼 것이다.

그래서 포도주 애호가들에게는 포도주를 더 쉽게 이해하면서 음미할 수 있도록 길잡이 역할을 할 것이다.

그리고 포도주 라벨이 순전히 실용적인 기능에서 시작해서 장식과 정보라는 이중적 역할에 이르기까지 변화 과정을 알아보기 위해 포도주 라벨의 역사도 살펴볼 것이다.

프랑스 포도주 라벨 규정

앞에서도 언급했지만, 프랑스 포도주의 라벨은 해당 포도주의 명함이라 할 수 있다. 포도주 라벨은 라벨 자체의 미적인 부분도 있지만, 이외에도 여러 가지 법적으로 제공해야 하는 정보도 포함하고 있다.

예를 들면, 포도주의 지리적 원산지, 생산자와 병에 담는 사람의 이름과 소재지, 알코올 도수 등이 그것이다. 따라서 포도주 소비자는 포도주의 라벨에 기재된 여러 가지 정보를 잘 파악하면 자신이 마시는 포도주가 어떤 포도주인지를 이해하는 데 많은 도움이 된다.

프랑스 포도주 라벨은 프랑스와 유럽의 규정을 따라야 하며, 프랑스 산업 경제부의 지휘를 받는 각 지방의 '경쟁·소비 및 부정행위 단속국'에서 기재 내용에 대한 감독을 담당하고 있다.

현행 프랑스 포도주 라벨은 유럽공동체 규정에 따라 기본적인 사항이 정해졌으며, 일부 수정되었다. 이들 규정은 의무 기재 사항과 수의적 기재 사항을 포함하고 있다. 이는 소비자가 해당 포도주의 특수성을 이해하도록 돕고, 생산자들에게는 그들의 포도주에 대한 품질을 보장해주는 데에 목적이 있다.

프랑스 포도주 주요 생산지는 보르도Bordeaux 지방, 부르고뉴Bourgogne 지방, 론Rhône 지방, 루아르Loire 지방, 알자스Alsace 지방, 샹파뉴Champagne 지방, 남서부Sud-Ouest 지방, 랑그도크-루시용Languedoc-Roussillon 지방, 프로방스Provence와 코르스Corse 지방, 그리고 쥐라Jura와 사부아Savoie 지방 등이 있다.

이들 생산 지역에 따라 각각의 포도주 라벨에 기재된 정보와 표기 방식은 약간씩 차이가 있다. 위에서 언급한 유럽연합의 규정에 따라 기본적으로는 의무 기재 사항과 수의적 기재 사항, 소비자에게 유용한 것으로 간주하는 임의적인 기타 기재 사항으로 이루어진다.

의무 기재 사항

의무 기재 사항은 모두 8가지로 규정되어 있는데 그 구체적인 내용은 다음과 같다.

① 등급 범주 명칭 : 가장 낮은 등급인 식탁 포도주 범주, 생산 지역을 표기(表記)하는 지방명 포도주 범주, 우수 품질 제한 원산지 명칭 범주, 그리고 가장 상위 등급인 원산지 통제 명칭 범주 등에 대한 명시적 표기가 이에 해당한다.

이와 같은 등급 범주를 라벨에 반드시 표기해야 하는데, 원산지 통제 명칭 등급만을 생산하는 샹파뉴 지방은 예외적으로 등급 범주 표기를 하지 않는다.

식탁 포도주 범주는 프랑스어로 Vin de Table이라고 하며 약자로 VdT라고 쓴다. 마찬가지로 지방명 포도주 범주는 Vin de Pays라고 하며 약자는 VdP로, 그리고 원산지 통제 명칭 범주는 Appellation d'Origine Contrôlée라고 하며 약자는 AOC로 쓴다.

② 포도주에 대한 최종적 법적 책임자인 병에 담는 사람의 이름과 주소 : 이름과 주소에는 이름이나 상호, 코뮌(프랑스의 기초 자치단체), 도, 국가명의 네 가지 사항이 포함되어야 한다.

③ 수출용 포도주의 경우 생산 국가명 : 'produit de France'

혹은 'produce of France'로 표기한다.

④ % vol로 표시된 알코올 함유량(알코올 함유량은 0.5% vol까지의 오차는 인정).

⑤ 병의 용량 : 용량은 리터(l), 센티리터(cl) 혹은 밀리리터(ml)로 표시한다.

⑥ 포도주 제품 확인을 위한 세트 번호 : 세트 구성은 제품 생산과 유통 과정 및 소비자 식품 안전을 보장하기 위해 병에 담는 사람이 자신의 등록 장부에도 반드시 기재해둬야 한다.

⑦ 첨가물 표기 : '아황산염 포함'이라는 문구를 표기해야 한다. 아황산염은 무수아황산이라고도 하며 포도주의 산화방지제로 양조 시 미량 첨가된다.

⑧ 임산부를 위한 경고문 혹은 로고 : 이 사항은 알코올 함유량이 표기된 부분과 인접한 부분에 기재되어야 한다.

수의적 기재 사항

수의적 기재 사항은 규정에 언급되지 않은 임의적 내용도 포함할 수 있어 매우 다양하게 나타난다. 그리고 이와 같은 수의적 기재 내용은 전면 라벨, 후면 라벨, 혹은 병목에 부착된 보조 라벨 등에 자유롭게 기재될 수 있다. 그중 가장 중요하고 자주 기재되는 사항은 다음과 같다.

① 수확 연도 : 수확 연도를 표기하기 위해서는 해당 수확 연도에 수확한 포도로 양조한 포도주가 85퍼센트 이상이어야 한다.

② 포도 품종 : 수확 연도와 마찬가지로 85퍼센트의 규칙이 적용되어, 특정한 하나의 포도 품종을 기재하려면 그 품종으로 양조한 포도주가 85퍼센트 이상이어야 한다.

혼합 포도주의 경우 세 품종까지 기재할 수 있는데, 이 경우 포도주는 100퍼센트 모두 기재된 품종으로만 구성되어야 한다.

③ 병입 참조 사항 : [샤토(포도원-양조장)/소유지/도멘]에서 병에 담음(Mis en bouteille au château/à la propriété/au domaine)이라는 문구를 표기한다.

④ 생산 지역 내에서의 자체 분류 및 밭의 별칭 : 크뤼 클라세(cru classé/특급 양조장), 프르미에 크뤼(premier cru/일급 밭), 그랑 크뤼(grand cru/특급 밭) 등이 표기될 수 있다.

별칭을 가진 밭의 이름은 임의로 부여할 수 없고 토지 대장에 그 이름이 표기된 경우에만 사용할 수 있다.

⑤ 퀴베(cuvée/특정한 양조)에 대한 언급 : 특급 포도주(Grand vin), 오래된 포도나무(Vieille vigne), 스페셜 퀴베(Cuvée spéciale), 프레스티지(Prestige) 등이 이에 해당한다. 그러나 이러한 언급은 임의적인 것으로 포도주의 질에 대해 어떤 보장도 되지 않는다.

⑥ 제품의 유형 : 무감미(sec), 약감미(demi-sec), 중감미(moelleux), 감미(doux/liquoreux) 등 포도주 당도에 따른 언급을 기재할 수 있다.

⑦ 수상 사항 : 국가가 인정하는 경연 대회에 출품해 수상한 포도주는 출품된 세트만 수상 메달과 같은 로고를 라벨에 넣을 수 있다.

위에서 살펴본 사항 이외에도 수의적 기재 사항에는 유통 과정에 관여한 사람이나 기업의 이름, 포도주 빛깔 등에 대한 언급도 포함될 수 있다. 그리고 특히 전면 라벨 이외에도 후면 라벨에 해당 포도주의 다양한 정보를 제공할 수도 있다.

후면 라벨

포도주병의 뒷면에 부착된 후면 라벨은 생산자가 소비자에게 전하고 싶은 내용을 표기하는 공간이다. 따라서 후면 라벨은 그야말로 완전한 소설일 수도 있고, 전면 라벨보다 크기가 더 클 수도 있다. 그러므로 소비자는 후면 라벨에 너무 커다란 의미를 부여하지 말고 그 내용을 나름대로 적당하게 해석하는 것이 필요하다. 그러나 포도원의 테루아르(terroi/토양과 기후), 포도 품종, 양조 방식 등에 대한 정보는 그 포도주의 성질에 대해 잘 알려줄 수 있다.

반대로 포도주의 맛과 향에 대한 시음 정보는 대체로 자화자찬식으로 과장된 경우가 많아 그냥 선전 문구 정도로 생각해야 한다.

포일

이상에서 포도주 라벨에 기재되는 여러 사항에 대해 살펴보았다. 그런데 병에 담은 포도주에는 라벨 이외의 다른 부분에도 일정한 정보가 표기되는 때가 있는데, 포도주 마개를 감싸고 있는 포일이 그 대표적인 요소이다.

알코올음료인 포도주의 운송은 세관에 의해 엄격하게 규제된다. 포도주에는 일정한 세금이 부과되며, 세금 납부 증명은 포도주 마개 부분에 덧씌워진 포일 위에 납세 필증을 붙여 표시한다. 포일 윗면에 부착된 납세필증 중 식탁 포도주 등급은 푸른색이고, 원산지 통제 명칭 포도주는 초록색이며, 외국 수입 포도주의 경우는 검은색이다. 포일에는 소유자-수확자 혹은 네고시앙(중간제조-유통업자) 등 생산자의 유형이 표기되는 때도 있다.

포도주 마개

가짜 포도주의 유통을 피하고자 포도원의 이름과 수확 연도를 코르크 마개에 새겨 넣을 수 있다. 이는 소비자에게는 포도주에 대한 보증의 의미가 될 수 있다. 특히 가격이 비싼 명성이 높은 포도주의 경우에는 더 그렇다.

프랑스 포도주 라벨 표기 사항 요약

① 등급 범주 : 식탁 포도주 등급, 생산 지역을 표기하는 지방명 포도주 등급, 우수 품질 제한 원산지 명칭 등급, 원산지 통제 명칭 등급

② 포도주에 대한 최종적인 법적 책임자인 병에 담는 사람의 이름과 주소

③ 수출용 포도주의 경우 생산 국가명

④ % vol로 표시된 알코올 함유량

⑤ 병의 용량

⑥ 포도주 제품 확인을 위한 세트 번호

⑦ 우수 품질 제한 원산지 명칭 포도주에 번호와 함께 기재되는 납세필증

⑧ 첨가물 표기 : 산화방지제인 '아황산염 포함'이라는 문구 표기와 함께 임산부를 위한 경고문 혹은 로고

⑨ 수확 연도

⑩ 포도 품종

⑪ 샤토/소유지에서 병에 담음이라는 문구 표기

⑫ 생산 지역 내에서의 자체 분류 : 크뤼 클라세, 일급 밭, 특급 밭

⑬ 퀴베에 대한 언급

지방명 포도주 라벨

우수 품질 제한 원산지 명칭 포도주 라벨

부르고뉴 원산지 통제 명칭 포도주 라벨

보르도 지방 원산지 통제 명칭 포도주 라벨 / 그랑 크뤼 클라세

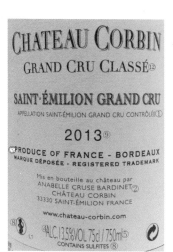

후면 라벨

프랑스 포도주 라벨에서
원산지 통제 명칭의 의미

    프랑스 포도주 라벨에는 대부분 포도주가 생산된 지방이나 그 지방 내의 지구 혹은 마을(commune/코뮌) 등의 이름이 표기되어 있다. 이와 같은 원산지 이름 표기는 그 지역 테루아르의 특징을 드러내기 위한 것으로 볼 수 있다.

    그런데 원산지 명칭을 라벨에 표기하려면 아주 엄격한 생산 조건을 충족시켜야 한다. 이처럼 특정 지역의 테루아르적 특성을 간직하면서, 정해진 생산 조건으로 양조되어 원산지에서 품질을 보증하는 포도주가 원산지 통제 명칭 포도주다. 이 포도주는 라벨에 '통제된 원산지 명칭'이라 번역되는 AOC를 표기한다.

다음에서 프랑스 포도주 라벨에 표기된 '통제된 원산지 명칭'에 대한 제도의 탄생과 AOC를 표기할 수 있는 포도주의 조건 등 그 의미에 대해 알아보기로 한다.

포도주 생산 위기로부터 탄생한 원산지 통제 명칭 제도

프랑스 포도주 생산은 역사적으로 많은 위기를 거친다. 그중에서도 19세기 후반 포도나무 뿌리 진딧물인 필록세라에 의한 대재앙과 1930년대의 경제공황이 대표적이다.

그런데 이와 같은 포도주 생산의 위기는 질을 떨어뜨리거나 가짜 포도주의 생산을 초래했다. 이에 포도주 산업 관련 당사자들은 양질의 포도주 생산자를 보호하기 위해 지리적 원산지를 인정하고 생산 규칙을 규정하는 법률을 채택하도록 정부에 요구했다.

이에 관한 최초의 법률은 1919년에 채택되었다. 그리고 1927년에 수정되지만 통제된 원산지 명칭 제도가 현재의 모습으로 탄생하게 된 것은 1935년이다.

이 법률로 최초의 통제된 원산지 명칭 포도주가 아르부아Arbois, 카시스Cassis, 샤토뇌프 뒤 파프Châteauneuf du Pape, 몽바지약Monbazillac 등의 지역에서 각각의 원산지 이름으로 탄생했다.

원산지 명칭은 지리적·행정적인 구획과는 다른 개념으로 생산 영역이라는 개념을 원산지 명칭의 조건으로 했다.

이 명칭은 자연환경과 땅의 성격, 즉 테루아르까지 고려한 개념이다. 따라서 행정 구역상으로는 같은 포도재배 지역 내에서도 땅의 성격에 따라 서로 다른 원산지 명칭이 존재한다. 그런데 원산지 명칭의 구획 획정은 생산자들이 임의로 정할 수 없고 반드시 법령에 의해 정해져야 한다.

이같은 원산지 명칭은 그 생산지의 포도주 생산자들의 집단적 특성을 나타내는 것이다. 이렇게 법령에 의해 인정된 원산지 명칭은 해당 지역 포도주 생산 조합이 자율적으로 관리한다. 다른 한편으로는 국가 기관인 '국립 원산지 명칭 연구소(INAO)'가 이들 조합을 국가 차원에서 통제한다. 통제된 원산지 명칭 제도는 포도주로부터 시작되었지만, 현재 프랑스에서 이 제도는 치즈, 축산물, 채소, 올리브유, 꿀 등 다른 농식품에도 확대 적용되고 있다. 또한 유럽연합도 회원국 전체에 공통으로 적용하는 원산지 명칭 제도의 모델로 삼고 있다.

원산지 통제 명칭 포도주의 조건

원산지 통제 명칭 포도주의 생산 영역은 토양과 기후, 즉 테루아르에 따라 결정된다. 동일 지리적 영역 내에서 토양과 기후의 차이에 따라 서로 다른 원산지 구획이 분류되어 존재한다. 물론 이 같은 생산 영역 구획은 수정되거나 그 안에서 보다 좁은 영역의 새로운 원산지 명칭을 만들 수도 있다.

그러나 원산지 명칭 영역을 수정하기 위해서는 해당 지역 조합에서 이를 국립 원산지 명칭 연구소에 요청해야 한다. 국립 원산지 명칭 연구소는 조합의 요청에 따라 조사 위원회를 구성한다.

원산지 통제 명칭 포도주의 생산 조건은 규정이 엄격하다. 즉 포도 품종, 포도재배 방식, 단위 면적당 포도나무의 개체 수, 포도나무의 크기, 최대 수확량, 포도의 최대 및 최소 당도 그리고 포도주의 양조와 숙성 등의 조건이 명시된다. 이뿐만 아니라 포도주 라벨에 원산지 통제 명칭을 표기하기 위해서는 매년 수확해 양조된 포도주마다 성분 분석과 블라인드 시음을 통한 전문가의 시음을 통과해야만 한다.

이처럼 프랑스 포도주가 원산지 통제 명칭 포도주임을 라벨에 표기하기 위해서는 기본적으로 다음과 같은 7가지 조건을 반드시 충족시켜야 한다.

① 테루아르 : 생산 영역은 명시적으로 획정되어야 한다.

② 품종 : 전통적으로 적절하다고 인정된 품종만 사용해야 한다.

③ 알코올 도수 : 최소-최대 자연적인 알코올 도수 범위에 도달해야 한다.

④ 최대 수확량 : 1헥타르당 최대 수확량을 정해야 한다(단 해마다 수확량이 달라질 수 있다).

⑤ 재배 방식 : 포도나무의 키, 단위 면적당 포도나무의 개체 수, 포도나무 사이의 간극 등이 규정되어야 한다.

⑥ 양조 방법 : 원산지 통제 명칭 포도주는 해당 생산 영역의 고유한 양조 및 숙성 방식을 따라야 한다(예를 들면 설탕 첨가 금지 등).

⑦ 승인 시음 : 1974년부터 시행된 규정으로 모든 원산지 통제 명칭 포도주는 전문가의 시음과 화학적 성분 분석을 통과해야 한다.

원산지 명칭의 부여 절차

프랑스에서 원산지 명칭을 부여받기 위해서는 국립 원산지 명칭 연구소가 구성하는 지역 위원회-국가 위원회-국립 원산지 명칭 연구소의 최종 승인이라는 3단계의 행정절차를 거쳐야 한다.

원산지 통제 명칭 포도주를 인정해주고 관리하고 이들의 이익을 보호하는 책임을 진 기관은 국립 원산지 명칭 연구소이다. 국립 원산지 명칭 연구소에서 구성하는 국가 차원의 위원회는 포도주 산업 종사자, 행정부서, 포도주 전문가 등의 대표자로 이루어진다. 이와 함께 지역 차원의 위원회도 구성된다.

지역 위원회는 국가 위원회에 원산지 명칭의 변경을 제안하기 위해 각 지역의 고유한 사항을 사전에 논의한다.

원산지 명칭을 획득하기 위해서는 어떠한 단계도 생략될 수 없다. 그리고 포도주 생산자들이 원산지 명칭을 부여받기 위해서는 우선 자신이 속한 조합에 요청해야 한다. 그러면 조합은 국립 원산지 명칭 연구소에 원산지 명칭 변경 신청을 한다. 이에 따라 국립 원산지 명칭 연구소는 조사 위원회를 구성하고 현지를 방문해 요청된 원산지 명칭 구획을 획정한다.

또한 위원회는 새롭게 획정된 영역의 생산 조건 등을 규정하고, 이처럼 규정된 사항이 법령에 따라 공식화되면 새로운 원산지 명칭이 탄생하게 된다(이와 같은 절차를 거치는 원산지 명칭의 법령화는 15년 이상 걸리는 예도 있다).

원산지 명칭 두 가지 범주

현재 프랑스 포도주는 모두 네 가지 범주가 존재한다. 식탁 포도주, 지방명 포도주, 우수 품질 제한 원산지 명칭, 원산지 통제 명칭 등이다. 이중 가장 엄격한 품질 규정에 따르는 엘리트 포도주가 원산지 통제 명칭이다.

이와 같은 포도주 범주에서 보듯이 프랑스의 원산지 명칭 포도주는 '원산지 통제 명칭'과 '우수 품질 제한 원산지 명칭'이라는 두 범주가 있다. 이중 우수 품질 제한 원산지 명칭은 1949년에 수립된 범주로 지방명 포도주와 원산지 통제 명칭 포도주의 중간 단계이다.

많은 '우수 품질 제한 원산지 명칭'은 '원산지 통제 명칭'으로 승격되어 현재 남아 있는 '우수 품질 제한 원산지 명칭'은 20개도 안 되고 그나마도 몇 년 후에는 이 범주가 사라질 예정이다.

참고로 유럽연합법은 고급 포도주(지정 지역 우량 포도주/VQPRD)와 식탁 포도주 두 단계로 분류한다. 유럽연합의 지정 지역 우량 포도주는 원산지 통제 명칭과 우수 품질 제한 원산지 명칭이다.

그리고 유럽연합의 식탁 포도주는 지방명 포도주와 식탁 포도주가 있다. 이와 같은 포도주의 범주와 더불어 현재 유

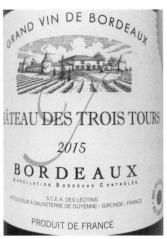

보르도 지방(AOC) 포도주 라벨

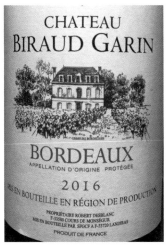

보르도 지방(AOP) 포도주 라벨

럽연합에서는 프랑스의 원산지 명칭 제도를 모델로 한다. 프랑스 포도주의 원산지 통제 명칭에 해당하는 '보호된 원산지 명칭(Appellation d'origine protégée/AOP)과 프랑스의 지방명 포도주에 해당하는 '보호된 지리적 표시(Indication Géographique Protégée/IGP)'의 두 가지 포도주 범주 표기를 구분해 포도주 라벨로 사용하고 있다.

이와 같은 유럽연합의 표기 방식에 따라 프랑스 포도주는 라벨에 AOC 대신 AOP, VdP 대신 IGP, 그리고 VdT 대신 Vin de France로 표기하는 경우도 많다.

원산지 통제 명칭은 품질의 보증서인가?

원산지 통제 명칭은 품질 보증서이기도 하고 아니기도 하다. 우선 원산지 통제 명칭은 생산된 포도주의 원산지를 보장한다는 점에서 품질을 보장한다고 할 수 있다. 그리고 라벨에 원산지 통제 명칭을 표기하기 위해서 의무적으로 블라인드 시음 형식의 전문가 승인 시음을 거쳐야하기 때문에 질적으로 보장된다고 할 수 있다. 그러나 여기에는 소비자가 알아야 할 몇 가지 사항이 있다. 우선 승인 시음 테스트가 매우 관용적이어서 이를 통과하지 못하는 포도주가 극히 드

물다는 사실이다. 이러한 승인 시음 테스트가 완제품에 대해 이루어지는 것이 아니라는 점도 문제가 된다.

시음 테스트는 병에 담긴 포도주가 아니라 양조 과정에 있는 아직 혼합되지 않은 포도주를 대상으로 하기 때문이다.

몽라벨Montravel 같은 일부 원산지 생산 지역에서는 병에 담긴 후 시음을 통한 보충 승인 방식을 도입해 혁명적이란 평가를 받는 곳도 있다. 그리고 원산지 통제 명칭 포도주의 품질을 보장하기 위해 원산지 포도주 생산자 위원회는 판매대에 나온 포도주를 표본 수거해 시음 검토하는 완성품 통제 방식을 활용하고 있다. 이러한 방식은 포도주 생산 단계에 큰 영향력을 갖지 못한다.

이 같은 사후 통제에서는 단지 권고만을 받기 때문에 저질 포도주와 이를 생산한 생산자도 아무런 제재를 받지 않는다. 게다가 이런 저질 포도주는 대부분 판매되어 원산지 통제 명칭 포도주의 이미지를 훼손한다.

프랑스 포도주 라벨에서
수확 연도의 의미

대부분의 고급 프랑스 포도주는 라벨에 수확 연도 (Millésime/밀레짐-빈티지)가 표기되어 있다. 그러나 주정 강화 포도주나 수년간 혼합해 만든 샴페인 같은 스파클링 와인 은 예외적으로 수확 연도 표기가 없는 경우가 많다. 수확 연도 표기가 없는 경우의 포도주 품질은 혼합 기술자의 재능에 따라 크게 좌우된다. 그러나 이런 포도주는 시간의 흐름에 따른 풍미의 증대를 기대하기 어렵다.

포도의 성숙기와 수확기의 기상 조건이 가장 중요한 변수인 수확 연도에 따른 포도주의 품질은 포도재배 지역과 포도주 생산자에 따라 서로 다르다.

현대 포도주 양조학 덕분에 오늘날에는 수확 연도가 형편 없는 경우는 거의 없다. 그렇지만 수확 연도가 평범한 경우는 많다. 포도주 애호가라면 누구나 포도주의 품질에 대한 정보를 줄 수 있는 포도주 라벨에 표기된 수확 연도에 많은 관심을 기울인다. 그렇다면 과연 포도주 라벨에 적혀 있는 수확 연도가 소비자에게 알려주는 정보는 정확히 무엇일까?

다음에서는 프랑스 포도주 라벨의 수확 연도가 제공하는 정보가 무엇인지에 대해 알아보기로 한다.

수확 연도는 포도주 양조에 사용된
포도의 수확 연도이자 포도주의 생일(탄생 연도)

수확 연도의 표기는 포도주 나이에 대한 보증이다. 이런 수확 연도 표기는 포도주 애호가들에게 포도주의 병 숙성과 같은 장기 숙성 과정을 따라가면서 관찰할 수 있게 한다. 이와 함께 가장 맛있는 시기가 언제인지 예측할 수 있게 해서 포도주를 따는 가장 좋은 순간을 알려주는 역할도 한다.

매우 훌륭한 수확 연도의 포도주는 장기보관이 가능하다. 그래서 이런 포도주는 너무 일찍 마시지 않는 것이 좋다. 포도주 애호가라면 이런 포도주를 마시기 위해서는 인내심을 가져야 할 것이다. 신통치 않은 수확 연도의 포도주는 과실향과 맛이 살아 있는 싱싱한 시기에 마셔야 한다.

수확 연도가 같은 포도주를 상자로 다량 구매한 경우 그 포도주의 변화를 비교하면서 느끼는 것도 좋다. 이를 위해 일정한 간격을 정해 가장 맛있게 될 때까지 한 병씩 마셔보는 것도 포도주의 맛을 즐기는 좋은 방법이다.

수확 연도의 예측

수확 연도가 좋은 포도주는 생산량뿐만 아니라 품질에서도 높은 평가를 받는다. 수확 연도가 좋으려면 따뜻한 기후, 강수량의 적절한 배분, 수확 기간 동안 건조한 날씨가 유지되어야 한다. "8월은 술덧(술의 원료)을 만들고, 9월은 포도주를 만든다(Août fait le moût, septembre fait le vin)"라는 프랑스 속담도 있다. 그만큼 수확기 날씨가 중요하다.

수확 연도가 나쁠 때는 여름이 춥고 비가 많이 오는 경우이다. 이런 기후에는 포도가 부패하고, 젖은 포도를 수확해서 포도의 상태가 좋지 않기 때문이다.

2003년처럼 햇볕이 너무 강하고 많아도 문제가 생길 수 있다. 이 경우 포도가 타버리거나 발육이 멈추게 될 수도 있으며, 수확도 불안정할 수 있기 때문이다.

날씨 외 포도 수확에 영향을 미치는 요인들

좋은 테루아르가 되기 위해서는 규칙적인 수분 공급이 이루어져야 한다. 그리고 토양은 배수가 잘 되어서 비가 온 후에도 포도나무 밑동이 물에 젖지 않아야 한다.

테루아르뿐만 아니라 포도 재배자 능력도 영향을 미친다. 포도 재배자는 남은 포도가 잘 성숙하도록 포도가 익기 전에 일부를 과감하게 제거해야 한다. 그렇게 하면 공기가 잘 통하고, 남은 포도는 더 잘 익을 수 있다.

폭염으로 인해 너무 건조한 해에는 점토질 토양처럼 토양의 수분 보유 능력이 매우 중요하다. 또한 포도밭의 위치도 포도 수확에 영향을 미친다. 프랑스 중부 혹은 그보다 북쪽에 있는 지역에서 생산되는 포도주일수록 수확 연도에 더많은 영향을 받는다. 서로 다른 기후 조건이 포도가 잘 익도록 도움을 주고, 때로는 방해하기도 한다. 이들 지역에서는 고도, 햇볕의 노출 정도, 온기를 유지하는 토양 능력 등이 기후의 불확실성을 보상할 수 있는 요인이다.

프랑스 남부에 있는 포도원의 경우 기후는 북부 지역보다 일정하지만, 가뭄이나 폭풍우, 우박 등이 수확 연도에 영향을 미칠 수 있다. 프로방스 지방의 팔레트Palette 포도원처럼 북쪽을 향한 경사면에 있는 포도원이나 랑그도크 지방의 리무Limoux 포도원처럼 고도가 높은 지역에 있는 포도원은 심한 무더위를 피해 갈 수 있다.

수확 연도가 매우 훌륭한 포도주란?

수확 연도가 매우 훌륭한 포도주는 일반적으로 수확량이 적을 때 나온다. 물론 1989년이나 1990년처럼 기후 조건이 매우 좋아 양과 질이 모두 높을 수도 있다.

또한 수확 연도가 매우 훌륭한 포도주는 이른 수확으로부터 나오기도 한다. 어쨌든 수확 연도가 훌륭한 포도주가 되기 위해서는 부패하지 않고 좋은 상태를 완벽하게 유지한 포도로 양조돼야 한다.

수확 연도가 훌륭한 포도주를 생산하는 데 포도 농사 초반부의 기후는 크게 중요하지 않다. 심지어는 냉해나 때 이른 낙과도 수확 연도가 훌륭한 포도주 생산에 유리한 조건이 될 수 있다. 왜냐하면 포도나무 당 포도송이 수를 줄어들게 하기 때문이다.

반대로 8월 15일에서 포도 수확까지는 수확 연도가 훌륭한 포도주 생산에 결정적이다. 많은 열기와 햇볕이 필요한 시기이다.

1961년은 20세기의 위대한 해로 기록되어 있다. 반대로 1963년과 1965년 그리고 1968년은 추위와 비 때문에 포도가 익지 못하고 수분만 많고 당도가 낮은 포도로 인해 그야말로 처참한 해였다.

비와 더위도 포도 수확에는 좋지 않다. 비와 더위는 포도를 부패시킨다. 폭염은 포도를 태워서 너무 둔중한 포도주가 되게 한다.

수확 연도 일람표

흔히 일람표로 점수를 부여해 수확 연도의 품질을 요약해 제시하곤 한다. 그러나 이런 일람표에는 한계가 있다. 수확 연도에 부여된 점수는 너무 광범위해서 일반적인 경향을 알려줄 뿐이라는 것을 명심해야 한다.

일람표에 부여된 점수는 평균적인 점수로 포도밭의 위치에 따른 미세 기후나 수확기의 포도 선별 노력 혹은 발효조에서의 포도주 선택 등과 같은 요인은 고려되지 않는다. 따라서 같은 수확 연도의 동일 명칭 포도주라 하더라도 포도원이나 양조장에 따라 그 차이가 매우 클 수 있다.

이와 같은 차이점은 자연적인 환경의 영향도 있고, 포도재배-양조자의 영향도 있을 수 있다. 특히 포도재배-양조자는 자신의 노하우를 통해 1년 동안 기후의 불확실성을 최소화할 수도 있다(예를 들면 도멘 드 슈발리에Domaine de Chevalier 양조장의 1965년 포도주는 그해 날씨가 매우 나빴는데도 훌륭한 페삭-레오냥Pessac-Léognan 마을 포도주로 이름을 알렸다).

이처럼 수확 연도 일람표는 수확 연도별 포도주 품질에 대한 바이블이 아니라 대략적인 경향 정도를 보여주는 요약집 역할에 지나지 않는다.

마찬가지로 햇포도주 판매를 위한 조기 시음에서 부여되는 수확 연도에 대한 평가를 무조건 믿어도 안 된다.

왜냐하면 이때의 시음 평가는 완성된 최종 혼합(블랜딩)이라기보다는 대략적인 표본 평가에 지나지 않으며, 또한 이제 막 숙성이 시작된 단계의 시음 평가이기 때문이다.

유명한 시음가와 포도주 전문 평가자조차도 이런 조건에서는 시음한 수확 연도 포도주의 품질에 대해 틀리는 경우가 많았다. 포도주의 수확 연도에 대한 품질을 판단하기 위해서는 거리를 두고 판단하는 것이 필요하다.

(다음에 제시된 일람표는 20점 만점 기준)

[출처 : Guide Hachette des vins 2011]

	알자스	보졸레	보르도 (적)	보르도 (백 : 감미)	보르도 (백 : 무감미)	부르고뉴 (적)	부르고뉴 (백)	샹파뉴
1980	10	10	13	17	18	12	12	14
1981	17	14	16	16	17	14	15	15
1982	15	12	18	14	16	14	16	16
1983	20	17	17	17	16	15	16	15
1984	15	11	13	13	12	13	14	5
1985	19	16	18	15	14	17	17	17
1986	10	15	17	17	12	12	15	9
1987	13	14	13	11	16	12	11	10
1988	17	15	16	19	18	16	14	18
1989	16	16	18	19	18	16	18	16
1990	18	14	18	20	17	18	16	18
1991	13	15	13	14	13	14	15	11
1992	12	9	12	10	14	15	17	12
1993	13	11	13	8	15	14	13	12
1994	12	14	14	14	17	14	16	12
1995	12	16	16	18	17	14	16	16
1996	13	14	15	18	16	17	18	19
1997	16	13	14	18	14	14	17	15
1998	13	13	15	16	14	15	15	13
1999	10	11	14	17	13	13	12	15
2000	12	12	18	10	16	11	15	15
2001	13	11	15	17	16	13	16	9
2002	11	10	14	18	16	17	17	17
2003	12	15	15	18	13	17	18	14
2004	13	12	14	10	17	13	15	16
2005	15	18	18	17	18	19	18	14
2006	12	12	14	16	14	14	16	15
2007	16	14	14	17	15	12	13	13
2008	14	14	15	16	15	14	15	16
2009	15	18	18	18	19	17	16	15

	쥐라	랑그도크-루시용	프로방스(적)	남서부(적)	남서부(백:감미)	루아르(적)	루아르(백:감미)	론(북부)	론(남부)
1980					13			15	
1981					15				
1982			17	17	15	14		14	15
1983	16			16	18	12		16	16
1984		7		10		10		13	15
1985	17	18	17	17	17	16	16	17	16
1986	17	15	16	16	16	13	14	15	13
1987	16	14	14	14		13		16	12
1988	16	17	17	18	16	18	18	17	15
1989	17	16	16	17	17	20	19	18	16
1990	18	17	16	16	18	17	20	19	19
1991		14	13	14		12	9	15	13
1992		13	9	9		14		11	16
1993		14	11	14	14	13	12	11	14
1994		12	10	14	15	14	12	14	11
1995	17	15	15	15	16	17	17	15	16
1996	18	13	14	14	13	17	17	15	16
1997	16	13	13	13	16	16	16	14	13
1998	14	17	16	16	13	14		18	15
1999	17	15	16	14	10	12	10	16	14
2000	16	16	14	14	13	16	13	17	15
2001		16	14	16	18	13	16	17	11
2002	14	12	11	15	14	14	10	8	9
2003	17	15	13	14	17	15	17	16	14
2004	13	15	15	13	15	14	10	12	16
2005	17	15	12	16	17	16	18	16	18
2006		15	16	13	15	10	10	15	15
2007		16	14	12	14	12	13	16	18
2008		15	12	13	12	15	12	14	14
2009		15	14	18	17	17	14	18	18

수확 연도 표기는 사라질 것인가?

과거 유럽연합에서 수확 연도 표기는 해당 포도주가 100퍼센트 그해의 포도로 만들었음을 의미했다. 그러나 유럽은 유럽연합 이외의 몇몇 나라에서 시행 중인 규칙에 보조를 맞추면서 현재는 15퍼센트까지 다른 해의 포도주를 섞는 것을 용인하고 있다.

물론 유럽연합 내에서 국가별 규정은 훨씬 엄격할 수 있으며, 프랑스는 수확 연도에 표기된 포도로만 포도주를 만들어야 한다.

수확 연도 표기가 없는 포도주

프랑스 포도주의 라벨에 수확 연도 표기는 의무적인 것은 아니다. 프랑스에서 가장 낮은 품질인 식탁 포도주(현재는 유럽연합 표준에 따라 les vins de France로 표기) 범주 등급 포도주는 라벨에 수확 연도 표기가 금지되어 있다가 최근 허용되었다. 하지만 대부분 일정한 맛을 유지하기 위해 여러 해 동안의 포도주를 혼합하는 경우가 많아서 수확 연도 표기가 없다. 그보다 상위 품질 등급인 지방명 포도주와 원산지 통제 명칭 포도주 라벨에는 수확 연도가 분명하게 표기되어 있다.

그렇지만 예외도 있어, 모든 제품이 원산지 통제 명칭 포도주인 샹파뉴에는 대개 수확 연도가 표기되어 있지 않다. 이는 포르투갈의 포트 와인이나 스페인의 셰리 와인도 마찬가지이다.

이 포도주의 공통점은 포도주 품질을 어느 정도 일정하게 유지하기 위해 여러 해의 포도주를 혼합한다는 것이다(예를 들면 프랑스 샹파뉴 포도주의 경우 3년간 연속된 포도주를 혼합).

그리고 이들 포도주에 수확 연도가 표기된 예도 있는데, 이는 그해의 포도 수확이 아주 좋아서 다른 해의 포도주와 혼합하지 않고 생산했다는 것을 나타내기 위한 것이다.

프랑스 포도주 라벨에서
'샤토'의 의미

프랑스의 포도주는 전 세계 포도주를 대표한다고 해도 과언이 아닐 것이다. 왜냐하면 카베르네 소비뇽Cabernet Sauvignon이나 메를로Merlot 혹은 샤르도네Chardonnay 등과 같은 포도주 양조용 포도 가운데 국제적 품종 대부분의 원산지가 프랑스이기 때문이다.

그리고 신세계 국가에서 생산되는 많은 포도주가 프랑스와 합작하고 프랑스 포도주의 양조 기술을 도입해서 생산되고 있다. 프랑스 포도주가 고급 포도주 시장에서 대부분을 차지하고 있다.

이와 같은 프랑스 포도주는 라벨에 그 포도주의 특징과

많은 정보가 있어 라벨만 잘 읽어도 그 포도주의 성격을 대략 파악할 수 있다.

그런데 프랑스 포도주는 생산자가 전국 규모의 거대기업 중심이 아니라 생산 지역의 소규모 포도원-양조장 중심이라 그 종류가 매우 다양하다. 그리고 포도주 라벨에서 포도주의 이름이나 정보를 표시하는 방법도 각각 달라서 소비자가 라벨을 보고 포도주 특징을 파악하는 데 어려움이 있을 수 있다. 특히 프랑스어에 생소한 우리나라 포도주 애호가에게는 더욱 그렇다.

따라서 프랑스 포도주 라벨에 대한 정확하고 깊이 있는 이해를 위해 라벨에서 중요한 포도주 이름, 등급 범주, 생산 지역 내에서 등급 분류, 생산 지역 원산지 표기 등의 정보를 파악하는 것이 필요하다.

여기서는 프랑스 포도주 라벨에서 자주 볼 수 있는 '샤토'의 의미에 대해 알아보기로 한다.

'샤토'는 포도원을 갖고 있는 포도원-양조장

프랑스 포도주의 양대 산맥을 이루고 있는 부르고뉴 지방 포도주와 보르도 지방 포도주는 여러 가지 면에서 서로 다르다.

우선 겉으로 보이는 병 모양에서 차이가 나고, 포도주를 양조하는 품종도 서로 다르다. 또한 포도주 라벨에 표기되는 내용에서도 차이가 있다.

그중 첫 번째가 포도주 이름이다. 부르고뉴 포도주의 이름은 뉘-생-조르주Nuits-Saint-Georges 마을에서 생산되는 뉘-생-조르주 포도주처럼 그 포도주가 생산되는 원산지 명을 포도주 이름으로 라벨에 표기한다.

반면에 보르도 포도주는 생-줄리앙Saint-Julien 마을의 샤토 탈보Château Talbot 포도주처럼 포도주를 생산하는 포도원-양조장의 이름이라고 할 수 있는 '샤토'를 포도주 이름으로 표기한다.

그렇다면 프랑스 포도주, 특히 보르도 포도주의 라벨에서 그 포도주의 이름에 해당하는 '샤토'란 정확한 의미가 무엇일까? 이와 더불어 그러한 이름을 사용하게 된 역사와 샤토 명칭의 유형에 대해 알아보기로 하자.

프랑스어에서 '샤토'란 과거 영주들이 거주했던 성이나 저택을 의미하는 단어이다.

그런데 보르도 포도주의 이름으로 사용하고 있는 샤토는 영주가 살았던 건축물의 의미가 전혀 아니다. 보르도 원산지 통제 명칭 연합회 등에 따르면 보르도 지방의 1만여 개 포도원-양조장 중에서 7,000개 이상이 샤토라는 이름을 사용한다. 그런데 보르도 지방에서 관광 기념물을 포함해 샤토라는 이름을 가진 건축물은 100개도 되지 않는다. 더구나 포도원-양조장이 샤토 건축물을 포함하고 있는 경우는 극히 드물다.

실제로 보르도 지방에서는 19세기 초반까지만 해도 샤토를 포도주 이름으로 거의 사용하지 않았다. 샤토라는 명칭은 단지 보르도의 메독Médoc 지역에서 일부 포도원-양조장에서만 사용되었으며, 대부분은 부르고뉴 지방처럼 크뤼(포도밭)라는 이름을 사용했다.

그러다 19세기 중반 이후 제3공화국 시기부터 산업 및 교통의 발달과 함께 포도주 거래로 부자가 된 몇몇 포도주 네고시앙들이 주변 포도밭을 사들여 포도원 규모를 늘리면서 양조장(양조시설과 술 창고) 이외에도 일시적인 거주 장소를 만들었다.

그리고 이를 샤토라 부르면서 점점 샤토의 명칭이 늘어났다. 이러한 현상은 메독 지역뿐만 아니라 점차 소테른Sauternes, 그라브Graves, 리부른Libourne, 블레이Blaye, 부르Bourg 지역 등 보르도 전 지역으로 확대되었다. 이처럼 해마다 샤토라는 포도주 이름은 폭발적으로 증가해 19세기 말에는 1,300여 개, 20세기 중반에는 2,400여 개로 늘어났다. 현재 보르도 원산지 통제 명칭 포도주 대다수는 샤토라는 이름을 갖고 있다.

이처럼 보르도 지방의 포도주 라벨에서 포도주 이름으로 사용되는 샤토는 사전적 의미의 '영주들이 거주했던 성이나 저택 같은 건축물'이 아니라 '품질 좋은 포도주를 생산하는 특정 포도원-양조장'이다. 다시 말해 자신만의 개성적인 맛을 가진 포도주를 생산하는 포도원-양조장 개념으로 이해해야 한다.

그렇다면 보르도에서 영주의 성으로서 샤토라는 건축물 없이도 포도주 품질을 보장하기 위해 사용된 샤토라는 이름이 어떻게 일반적으로 널리 사용될 수 있었던 것일까? 이는 우선 샤토라는 이름을 사용하는 데 있어 명시적인 법제화가 없어서 많은 포도원 소유자들이 자신의 포도원-양조장에 샤토라는 이름을 쉽게 붙일 수 있었기 때문이다.

제2차 세계대전이 끝날 무렵 소극적으로 막연한 개념을 법적으로 정의하려는 시도가 있었을 뿐이다. 그러다 1949년 9월 30일 법령은 '실제 존재하는 경작지에서 생산된 상당한 품질을 지닌 포도주만이 샤토라는 이름으로 판매될 수 있다'고 정의하고 있다.

이와 같은 모호한 정의 때문에 현재도 샤토라는 명칭은 누구나 쉽게 사용할 수 있는 이름으로, 포도주를 생산하는 포도원-양조장의 의미로 사용되고 있다. 샤토라는 이름의 사용에 대한 자세한 설명이나 제약은 거의 없다고 할 수 있다. 단지 포도주 생산자나 네고시앙이 아닌 포도주 전문가들이 제시한 정의만 있을 뿐이다.

이들에 의하면 샤토라는 이름을 갖기 위해서는 첫째, 원산지 통제 명칭 포도주여야 하며, 둘째 포도를 직접 경작해야 하고, 셋째 샤토의 이름은 항상 같게 유지되어야 한다. 그리고 마지막으로 샤토에서 경작-수확한 포도는 그 샤토에서 양조되어야 한다. 그러나 이러한 샤토의 정의는 법적인 것도, 모든 사람이 받아들이는 일반화된 제약도 아니다.

샤토 명칭의 다양한 유형

다른 한편으로 보르도 지방의 포도주 이름으로 사용되는 샤토 명칭은 매우 다양하다. '자갈'을 의미하는 'caillou'라는 단어를 사용한 샤토 카이유Château Caillou처럼 테루아르에 관계된 이름이 가장 많다. 그 외에 보르도 메독 지방의 마르고Margaux 마을에 있는 샤토 마르고Château Margaux처럼 생산 지역 이름, 샤토 라 크루아 생-뱅상Château La Croix Saint-Vincent처럼 종교나 역사에 근거한 이름이다.

또한 백마(cheval blanc/슈발 블랑)라는 단어를 사용하는 샤토 슈발 블랑Château Cheval Blanc처럼 동·식물 등에서 따온 이름과 샤토 피숑-롱그빌Château Pichon -Longueville처럼 가문의 이름 그리고 영국의 유명한 장군인 탤버트(Talbot/탈보)의 이름을 따온 샤토 탈보처럼 유명인의 이름도 있다.

이와 함께 멋진 전망(bellevue/벨뷔)이라는 단어를 사용한 샤토 벨뷔Château Bellevue처럼 포도원이 위치한 장소의 아름다움을 나타내는 이름 등이 대표적이다.

또한 샤토의 이름이 계속 변하기도 하고, 새로운 샤토가 생겨나거나 혹은 기존의 샤토가 사라지기도 한다.

지금까지 내용을 요약하면 샤토라는 용어는 프랑스 포도주 라벨에서 포도주 이름으로 표기된다. 과거 포도원-양조장의 특별함을 강조하기 위해 부유한 네고시앙이 자신의 포도원에 만든 별장 정도의 건축물에 샤토라는 이름을 사용하면서, 나중에 보르도 포도원-양조장 이름으로 일반화된 것으로 볼 수 있다.

이처럼 보르도 포도주는 대부분 샤토라는 이름을 갖고 있다. 그래서 흔히 보르도 포도주는 샤토 포도주라고도 한다. 그런데 샤토라는 용어는 본래 지방의 영주가 거주하는 성이나 저택과 같은 건물을 지칭하는 이름이다. 보르도 포도주 라벨에서 포도주 이름으로 사용되는 용어로서 샤토는 '영주의 성'이라는 의미와는 거의 관계없다고 볼 수 있다.

　이처럼 보르도 포도주 가운데는 샤토 없는 샤토 포도주가 대부분이다. 보르도 지방의 포도주 라벨에서 포도주 이름으로 사용되는 샤토의 의미는 포도원을 소유하면서 그 포도원에서 품질 좋은 포도주를 생산하는 특정 양조장이 자신의 브랜드명으로 사용하는 것으로 이해해야 한다.

프랑스 포도주 라벨에서
크뤼 클라세의 의미

지금부터는 포도주 라벨의 기재 사항 가운데서 같은 단어를 사용하면서도 실제적인 개념에서는 차이가 있어 소비자에게 혼란을 줄 수 있는 크뤼 클라세와 크뤼의 개념에 대해 알아볼 것이다.

그리고 이들의 핵심적인 차이점이 무엇인지에 대해서도 살펴볼 것이다.

프랑스 보르도 지방 포도주의 원산지 통제 명칭은 생산 영역에 따라 전체 지방 통제 명칭(예를 들면 AOC Bordeaux 혹은 AOC Bordeaux Supérieur), 지구 단위의 통제 명칭(예를 들면 AOC Médoc, AOC Graves 등), 부지구 단위의 통제 명칭(예를 들면 AOC Haut-Médoc 등), 그리고 마을 단위 통제 명칭(예를 들면 AOC Pauillac, AOC Pomerol, AOC Sauternes 등)으로 나뉜다.

그런데 보르도 지방 포도주의 라벨에는 이와 같은 원산지 통제 명칭 표기 이외에도 크뤼 클라세라고 표기된 포도주가 있다. 여기에서는 프랑스 보르도 지방 포도주 라벨에 표기된 크뤼 클라세의 의미에 대해 알아보기로 한다.

보르도 지방만의 독특한 등급 체계 크뤼 클라세

프랑스 2대 포도주 산지라고 할 수 있는 보르도 지방과 부르고뉴 지방은 포도 품종이나 포도주 등급 체계, 포도주병 형태, 라벨 표기 내용 등에서 많은 차이가 있다. 이와 같은 차이 가운데 하나는 보르도 지방 포도주는 생산 영역 단위 (지방·지구·마을)인 원산지 통제 명칭 이외에도 생산 영역별로 그 생산 영역 내에서 자체적으로 분류한 등급 체계인 크뤼 클라세가 있다는 것이다.

프랑스 포도주는 생산 영역의 기후 및 자연조건인 테루아르의 개성을 중요시해서 넓은 생산 영역보다는 마을 단위처럼 좁은 생산 영역 단위의 원산지 통제 명칭 포도주일수록 고급 포도주로 간주한다.

그런데 보르도 포도주는 단일 품종이 아닌 여러 품종을 혼합해 생산되는 포도주이므로 테루아르만이 아니라 이들 포도주를 생산하는 생산자의 역할도 무시할 수 없다. 그리고 같은 생산 영역 단위 내에도 많은 양조장이 존재한다. 더구나 보르도 포도주는 그 포도주의 이름을 원산지명이 아니라 샤토라는 포도원-양조장 이름을 그대로 사용한다. 그래서 라벨에 표시된 포도주 이름에 따른 포도주 종류도 포도원-양조장의 수만큼 매우 다양하다.

그래서 동일 생산 영역 내에서도 양조장에 따른 포도주 품질 등급 체계를 표시하기 위해 일부 생산 영역은 자체적으로 크뤼 클라세라는 등급 체계를 채택해 포도주 라벨에 표기하고 있다.

프랑스어 '크뤼 클라세'의 글자 그대로의 의미는 '분류된 포도밭'이다. 그러나 보르도 지방 크뤼 클라세는 포도밭이라기보다는 생산자인 양조장에 부여된 등급 체계이다. 물론 크뤼 클라세로 분류된 양조장은 모두 자신의 포도밭을 소유하고 있고, 거기에서 수확한 포도로 포도주를 생산한다. 그러므로 크뤼 클라세는 포도밭의 개성도 어느 정도 포함하고 있다.

그러나 애초에 보르도 지방의 크뤼 클라세는 유명하면서도 포도주의 품질이 뛰어난 양조장을 표시하기 위해 만들어진 등급 체계이다. 따라서 보르도 지방의 크뤼 클라세는 포도밭의 테루아르에 따른 등급이라기보다는 생산자 사이에 수립된 등급 체계이다.

보르도 지방에서 이와 같은 크뤼 클라세 등급 체계를 채택하고 있는 곳은 메독·소테른·그라브·생테밀리옹 등 네 지역이다.

크뤼 클라세의 역사 : 1855년의 분류

19세기 중반에 보르도 지방은 포도주 생산에 많은 이점을 갖고 있었다. 우선 이 시기에 보르도와 파리를 연결하는 철도 노선이 만들어졌다. 이는 보르도 지방에서 생산되는 포도주를 수도인 파리에 쉽게 유통할 수 있게 했다.

다른 한편으로는 나폴레옹 3세의 자유무역 정책과 통상조약으로 영국 등 수출에 유리한 조건을 선점하고 있었다. 그 당시 메독 지구는 이와 같은 혜택을 보르도의 다른 생산 지역보다 광범위하게 누릴 수 있었다.

왜냐하면 메독 지역 포도원 소유자들은 포도재배 기술을 향상시켜 포도주 생산의 양과 질에서 보르도의 다른 생산 지역보다 뛰어났기 때문이다.

예를 들면 메독 지역은 포도밭의 배수 시스템과 토양을 개선하고 기요Guyot 박사가 제안한 기요식 포도나무 가지치기를 채택해 포도주의 질을 향상시켰다. 그 결과 보르도와 파리의 많은 자본이 메독으로 흘러들어와 은행가와 네고시앙이 메독 지역의 포도원에 투자했다.

그래서 메독 지역 포도주와 소테른 지역의 감미 포도주는 그 명성이 점점 더 높아졌으며, 보르도 포도주에 관한 많은 책이 출판되어 메독 지역 포도주를 소개했다.

이에 따라 자연스럽게 1855년 파리 만국박람회에서 메독 지역 포도주가 보르도 지방 포도주를 대표하는 포도주로 선택되었다. 바로 이때 보르도 상공회의소와 포도주 중개 상인이 나폴레옹 3세의 요청에 따라 메독 지역과 소테른 지역 포도주를 오래전부터의 가격과 명성에 따라 공식적인 등급 분류를 수립했다. 이 등급 분류는 일종의 브랜드명인 샤토에 대한 것이지 포도밭에 따른 분류는 아니었다.

이처럼 메독 지역의 적포도주와 소테른 지역의 감미 백포도주 가운데 가격이 높고 명성이 뛰어난 샤토를 선별했다. 이를 적포도주는 1등급부터 5등급으로, 백포도주는 1등급과 2등급으로 분류했다(감미 백포도주의 경우 샤토 디켐Château d'Yquem은 1등급 가운데서도 상급 1등급으로 분류했다).

이렇게 선택된 포도주 목록은 메독 지역의 적포도주

60개, 소테른 및 바르삭Barsac 지역의 감미 백포도주 27개가 있었다. 이와 같은 1855년의 등급 분류는 1973년에 샤토 무통-로쉴드Château Mouton-Rothschild가 1등급으로 승격된 것 이외에는 한 번도 수정되지 않았다.

이 같은 등급 분류에서 눈에 띄는 것은 이 분류가 메독 지역의 10개 마을과 바르삭-소테른 지역, 그라브 지역의 마을 하나만을 대상으로 했다는 점이다. 그런데 그 당시 보르도 지방은 500개 이상의 마을에서 포도재배 및 포도주 양조가 이루어지고 있었을 뿐만 아니라, 포도재배-양조자도 수만 명에 이르렀다. 이는 보르도 지방의 수많은 포도원이 등급 분류 대상에서 제외되고, 단지 가론강과 지롱드강을 축으로 강 왼쪽 기슭에 있는 포도원만을 대상으로 했음을 의미한다.

강 오른쪽 기슭의 생테밀리옹Saint-Émilion 지역, 포므롤 Pomerol 지역 등을 포함하는 리부르네Libournais 지구는 철저하게 무시되었다.

그런데 이들 지역은 석회석 토양과 훌륭한 테루아르 덕분에 품질이 매우 좋은 포도주를 생산한다고 그 당시에도 이미 알려졌는데도 등급 분류 대상으로 고려되지 않았다.

이러한 이유 때문에 1855년 분류된 등급은 시간이 지나면서 재분류를 여러 차례 시도했지만 모두 실패로 끝났다. 그리고 샤토 무통-로쉴드를 제외하고는 당시의 등급 분류가 그대로 현재까지 유지되고 있다.

그러다가 20세기 중반에 그라브와 생테밀리옹 지역이 주목할 만한 품질 향상을 이루고 상업적으로도 큰 성공을 거두어 각자 지역에 독자적인 등급 분류를 채택해 제시했다.

그라브 지역의 등급 분류

그라브 지역은 1855년 등급 분류 당시 오이듐 진균에 의한 포도나무 병으로 포도밭이 황폐해져 분류 대상에서 제외되었다. 그러나 그 지역에서 가장 좋은 포도주를 골라 1953년에 적포도주와 1959년에 백포도주의 등급 분류 체계를 구축했다.

그라브 지역은 여러 단계가 아닌 크뤼 클라세라는 단 하나의 등급만을 채택해 알파벳 순으로 명단을 제시하고 있다.

각 포도원-양조장은 적포도주나 백포도주 혹은 샤토 라투르-마르티악Château Latour-Martillac처럼 두 가지 모두에 등급 분류될 수 있다.

이와 같은 분류 체계에 따라 적포도주 6개, 백포도주 3개, 그리고 적포도주와 백포도주를 동시에 생산하는 포도원-양조장 6개 등 모두 15개 포도원-양조장에서 생산되는 21개 포도주가 크뤼 클라세로 선정되어 있다.

현재 그라브 지역에서 크뤼 클라세로 분류된 포도주는 모두 페삭-레오냥 마을에 있다. 그중에서 가장 유명한 포도주는 샤토 오-브리옹Château Haut-Brion이다.

생테밀리옹 지역의 등급 분류

생테밀리옹은 전체 지역을 통털어 원산지 통제 명칭이 두가지가 있다. 하나는 생테밀리옹 원산지 통제 명칭이며, 다른 하나는 보다 양질의 포도주가 생산되는 포도원에 해당하는 생테밀리옹 그랑 크뤼 원산지 통제 명칭이다. 이 가운데 생테밀리옹 그랑 크뤼 원산지 통제 명칭 생산 영역에 위치하는 포도원-양조장을 대상으로 1955년 등급 분류를 했다.

이 등급 분류는 10년마다 포도주 시음 평가에 대한 종합 결과에 따라 갱신하도록 했다. 그리고 양조장이 생산하는 제품보다는 각 양조장이 소유하고 있는 포도밭의 테루아르에 대한 등급 분류이다. 그랑 크뤼로 분류된 양조장-포도원의 포도밭은 새로운 포도밭을 사들여서 확장하는 것이 금지되어 있다.

현재 생테밀리옹 지역에는 46개 그랑 크뤼 클라세(Grand

Cru Classé/특급 분류 포도주)와 이보다 더 상위 등급인 15개 프르미에 그랑 크뤼 클라세(Premier Grand Cru Classé/특1등급 분류 포도주)로 등급 분류되어 있다.

그리고 특1등급 분류 포도주 내에서 다시 A급으로 샤토 오존Château Ausone과 샤토 슈발 블랑 2개 샤토와 B급인 나머지 13개 샤토로 분류하고 있다.

다른 한편으로 생테밀리옹과 이웃하면서 같은 리부르네 지구에 속하는 포므롤 원산지 명칭 생산 영역에는 페트뤼스 Pétrus나 샤토 레방질Château l'Évangile처럼 보르도 지방에서도 가장 비싼 포도주가 있다. 그런데도 이 지역은 다른 지역과는 달리 등급 분류를 채택하지 않고 있다. 아마도 이는 포도원 전체 규모가 매우 작아서 등급 분류를 공식화하지 않아도 자연스럽게 포도원-양조장들 사이의 위계가 수립되기 때문일 수도 있다.

크뤼 부르주아, 크뤼 페이장, 크뤼 아르티장

프랑스 보르도 지방 포도주의 라벨에서는 '크뤼 부르주아 Cru bourgeois'라는 것을 찾아 볼 수 있는데, 이는 앞에서 살펴본 크뤼 클라세와 어떻게 다른 것일까?

실제로 크뤼 부르주아는 과거에 보르도 지방의 부르주아지가 소유했던 포도원-양조장이다.

이곳은 1855년 등급 분류에서 우수한 포도원-양조장으로 분류되지 못했다. 1932년 크뤼 부르주아 조합이 주축이 되어 보르도 상공회의소 및 지롱드 농업회의소와 합동으로 크뤼 클라세와는 다른 440개 크뤼 부르주아를 선정했다.

이 등급 분류는 2003년에 다시 갱신되어 크뤼 부르주아, 크뤼 부르주아 쉬페리외르(Crus bourgeois Supérieurs/상급 크뤼 부르주아), 크뤼 부르주아 엑셉시오넬(Crus bourgeois Exceptionnels/최상급 크뤼 부르주아)의 3등급으로 분류되었다. 하지만 이때 선정되지 못한 많은 포도원-양조장의 이의제기로 2007년 법원에서 무효화되었다. 따라서 현재 보르도 포도주 라벨에 있는 크뤼 부르주아 표기는 공식적인 것이 아니라고 할 수 있다.

크뤼 부르주아와 더불어 보르도 포도주의 라벨에서 '크뤼 페이장Cru paysan'과 '크뤼 아르티장Cru artisan'이라는 언급도 찾아 볼 수 있다.

이는 크뤼 부르주아와 마찬가지로 처음에는 포도원-양조장 소유자의 사회적 계층에 기인하는 것이었다. 즉 크뤼 페이장의 소유자는 농부였고, 크뤼 아르티장의 소유자는 포도주 장인이었다. 이들이 각각 협동조합을 만들어 조합 소속의 포도원-양조장의 포도주에 이와 같은 언급을 표기할 수 있게 했다.

그러나 현재 이 같은 표기는 점점 찾아보기 어려워지고 있다. 왜냐하면 이들 포도원-양조장 가운데 많은 수가 포도원의 크기를 확장하려는 대형 양조장에 의해 매수-합병되어 그 이름이 사라졌기 때문이다.

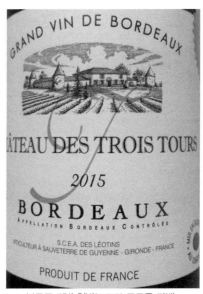

보르도 지방 일반(AOC) 포도주 라벨

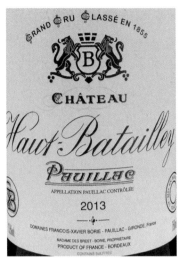

보르도 지방 그랑 크뤼 클라세 포도주 라벨

보르도 지방 크뤼 부르주아 포도주 라벨

등급 분류를 그대로 믿어야 할 것인가?

이상에서 살펴본 등급 분류를 신뢰하는 것은 포도주의 세계에 대해 경험이 별로 없는 사람에게는 손쉬운 해결책이 될 수 있다.

그렇지만 호기심 많은 포도주 애호가는 등급 분류되지 못한 포도주 가운데 어떤 것은 품질 면에서 적어도 등급 분류 포도주만큼이나 많은 관심을 받을 가치가 있음을 발견하게 될 것이다.

그렇다면 1855년의 등급 분류는 더이상 유효하지 않은 것일까? 실제로 1855년의 등급 분류는 함부로 범할 수 없는 것으로 명성이 높다. 여러 번의 개정 시도가 있었지만 매번 기득권의 이해관계 때문에 좌초되었다.

1855년 이후 지금까지 포도밭의 소유자에게 많은 변화가 있었다. 특히 포도밭을 확장하는 경우가 많았으며, 어떤 포도밭은 사라지기도 하고 다른 포도밭으로 재편성되거나 나누어지기도 했으며, 주인이 바뀐 곳도 많다. 그러나 이 등급 분류는 테루아르를 중심으로 하는 포도밭에 대한 분류가 아니라 포도원-양조장이라는 브랜드에 대한 분류였기 때문에 등급 서열은 지속되었다.

그 결과 등급 분류된 포도원-양조장에서 생산하는 포도

주의 질에는 커다란 변화가 있었다. 그래서 어떤 포도주는 소비자에게 외면당하거나 혹은 환영받기도 했다.

예를 들면 현재 2등급 가격에 판매되는 샤토 린치 바주 Château Lynch Bages 같은 5등급 포도주가 있는가 하면, 시장 가격에서 그 지위에 맞지 않는 가격이 책정되는 2등급 포도주도 있다.

그렇다고 해도 그 당시 포도주 중개상인들이 틀리지 않았음은 사실이다. 왜냐하면 등급 분류된 포도원-양조장은 현재도 모두가 언덕의 좋은 포도밭을 대부분 차지하고 있어 등급 분류되지 못한 다른 포도원-양조장에게는 좋은 밭이 별로 남아 있지 않기 때문이다.

그러나 생-쇠랭-드-카두른 Saint-Seurin-de-Cadourne 마을의 자갈이 많은 언덕에 있는 샤토 소시앙도-말레 Château Sociando-Malet 같은 몇몇 훌륭한 포도주는 그 당시 중개상인도 알아보지 못했다.

포도주의 질을 결정하는 데 포도밭 테루아르가 중요한 요인이다. 물론 그러한 테루아르의 가치를 돋보이게 하는 것은 양조자의 역할이다. 아무튼 등급 분류된 포도원-양조장이라는 지위가 양조자에게 등급 분류에 맞는 포도주를 생산하고, 포도밭에 끊임없이 투자하고 정성스럽게 관리하도록 자극하는 것만은 분명한 사실이다.

프랑스 포도주 라벨에서
크뤼의 의미 (I) :
부르고뉴 지방의 크뤼

앞에서 언급한 것처럼 프랑스 포도주의 2대 산지인 보르도 지방과 부르고뉴 지방에서 만들어지는 포도주는 여러 면에서 다르다. 우선 외형적으로 드러나는 포도주병 모양이 서로 다르다.

또한 포도주 재료가 되는 포도 품종이 서로 다르다. 포도주 생산 방식에서도 보르도 포도주는 적포도주나 백포도주모두 품종을 혼합하는 혼합 포도주지만, 부르고뉴 포도주는 적포도주와 백포도주 둘 다 단일 품종으로 생산한다.

그리고 원산지 명칭에서 보르도 포도주는 가장 작은 원산지 명칭 단위가 마을이다. 하지만 부르고뉴 포도주는 마을 단위보다 더 좁은 생산 영역인 밭 단위까지 원산지 명칭을 갖고 있다.

이와 같은 차이와 더불어 부르고뉴 포도주는 앞에서 알아보았던 보르도 포도주의 '그랑 크뤼 클라세'와 같은 자체적인 양조장-포도원에 대한 분류 체계를 채택하지 않는다. 그 대신에 '클라세'라는 수식어가 붙지 않는 '그랑 크뤼'와 같은 포도의 개성이 강하고 품질이 우수한 밭 단위 생산 영역에 대한 원산지 명칭을 갖고 있다.

이번 장에서는 이와 같은 부르고뉴나 알자스 지방 등의 포도주 라벨에서 볼 수 있는 사전상 의미로는 '밭'에 해당하는 크뤼의 개념에 대해 알아보기로 한다.

생산되는 포도주의 품질이 우수함을 인정받는 훌륭한 포도밭 크뤼

테루아르가 맛과 향 등을 포함한 포도주 특유의 개성을 형성하는 데 매우 중요한 역할을 한다는 사실은 이미 고대 그리스-로마 시대부터 알려졌었다.

포도를 재배하여 포도주를 양조-생산하는 포도주 농사꾼은 그 시대부터 이미 끊임없이 가장 훌륭한 포도밭 구획을 찾아내려고 다양한 방법을 동원해 많은 노력을 했다. 또한 이 같은 노력을 통해 찾은 훌륭한 포도밭 구획을 보존하는 데 많은 공을 들여왔다.

오늘날까지도 높은 명성을 유지하는 포도밭, 즉 크뤼는 그 명성이 신문이나 잡지에서 인기를 끌어준 덕분이 아니라 수 세기 전부터 포도주 애호가에 의해 확인된 포도주 품질 때문이다.

현재 프랑스 포도주 라벨에서 '크뤼'라는 표기는 '생산되는 포도주의 품질이 우수함을 인정받는 특정한 포도밭'의 의미다. 이와 같은 포도밭은 그 생산 영역에 국한되는 특유의 미세 기후와 토질 등 고유한 테루아르를 갖고 있다.

가장 훌륭한 포도 생산 구획을 찾으려는

수 천 년 동안의 탐색 결과인 크뤼

고대 로마 시대에 어떤 테루아르는 거기에서 생산되는 포도주의 품질로 인해 매우 높은 명성을 누렸다. 예를 들면 이탈리아 캄파니아 지방에서 생산되는 백포도주인 팔레르노 Falerno산 포도주가 높은 명성을 유지했는데, 캄파니아 지방에서는 고대 로마 시대에 이미 포도가 언덕의 상부나 중간

부분 혹은 하단 기슭에서 수확되었는지에 따라 크뤼를 구분했다.

중세 시대부터는 수도사가 가장 훌륭한 포도가 수확되는 구획을 확인하는 정밀한 작업을 이끌어갔다. 예를 들면 프랑스 부르고뉴 지방의 시토 수도회 수도사는 테루아르에 대한 세밀한 조사와 관찰을 통해 그 유명한 클로 드 부조Clos de Vougeot 포도밭을 획정했다.

또한 독일의 프랑코니아 지방의 뷔르츠부르크Würzburg 마을 포도밭은 위치하는 곳이 언덕이나 평지냐에 따라 1644년에 4개의 크뤼로 분류되었다.

부르고뉴 지방의 클리마

프랑스의 다른 지방과 마찬가지로 부르고뉴 지방에는 전체 지방 원산지 명칭(예를 들면 Appellation Bourgogne Contrôlée), 지구 단위 원산지 명칭(예를 들면 Appellation Côte de Nuits Contrôlée), 마을 단위 원산지 명칭(예를 들면 Appellation Pommard Contrôlée)이 있다.

그런데 부르고뉴 포도주가 다른 지방 포도주보다 더 복잡하고 어려워지는 것은 마을 단위 원산지 명칭보다 더 좁은 생산 영역의 원산지 명칭이 클리마라는 개념과 함께 존재하기 때문이다.

부르고뉴 지방에서 크뤼란 좋은 포도가 생산되는 마을에서 특별한 별칭을 갖고 있는 포도밭 구획이다. 이는 그 지방의 표현으로는 '클리마climat'라고 하는 섬세하게 획정한 테루아르에 해당하는 한정된 포도밭을 의미한다.

수도사들은 이미 중세 시대부터 생산되는 포도주 품질에 따라 테루아르의 위계를 정했다. 1855년에 라발Lavalle 박사가 자신의 저서 『코트 도르 지역의 포도밭과 특급 포도주의 역사와 통계(Histoire et statistiques de la vigne et des grands vins de la Côte d'Or)』에서 부르고뉴 지방에서 가장 훌륭한 크뤼의 목록을 제안했다.

그로부터 6년 후 본Beaune 지역 농업 위원회가 이 책의 제안에 따라 1862년 파리 만국박람회에 제시할 분류 목록을 수립했다. 현재의 분류도 그 당시의 분류와 거의 동일하다.

부르고뉴에서 크뤼, 즉 클리마는 생산 영역 단위이다. 하나의 클리마를 여러 명이 나누어서 소유하는 경우도 많이 있다.

프랑스어에서 클리마는 원래 '기후'라는 뜻을 가진 단어인데 이러한 단어를 특정 테루아르를 가진 한정된 구획으로서 포도밭이라는 개념으로 사용하는 것은 부르고뉴 지방 포도주의 다양함에 미세 기후가 미치는 역할을 잘 반영하는 용어라 할 수 있다.

한 마을에서 아주 훌륭한 클리마로 분류되지 않은 포도밭에서 생산되는 포도주는 밭 단위 원산지 명칭을 갖지 못하고 마을 단위 원산지 명칭에 만족해야 한다. 따라서 마을 단위 원산지 명칭 포도주의 라벨에 포도주 생산자가 분류되지 못한 자신의 클리마 이름을 표기하는 경우에는—극히 드물지만—작은 글씨로 은밀하게 표기한다. 그래서 원산지 명칭인 마을명보다 항상 아래쪽에 작은 글씨로 표기해야 한다.

일급 밭이나 특급 밭으로 분류되지 못한 클리마의 상트네 마을 명칭 포도주

어떤 클리마는 일급 밭으로 분류되는데, 일급 밭의 목록
은 법령으로 공식화되어 있다. 그리고 일급 밭(프르미에 크뤼)
으로 분류된 클리마의 이름은 포도주 라벨에서 마을 원산지

부르고뉴 지방의 포마르 마을 일급 밭인 레 그랑 제프노 포도주 라벨

명칭과 같은 곳에 표기될 수 있다.

예를 들면 부르고뉴 포도주 라벨에 포마르Pommard 마을의 일급 밭인 레 그랑 제프노Les Grands Epenots라는 이름의 클리마에서 생산되는 포도주는 포마르 마을 레 그랑 제프노 밭 통제 명칭(Appellation Pommard Les Grands Epenots Contrôlée) 혹은 포마르 마을 일급 밭 통제 명칭(Appellation Pommard premier cru Contrôlée) 그리고 포마르 마을 일급 밭 레 그랑 제프노 통제 명칭(Appellation Pommard premier cru Les Grands Epenots Contrôlée)으로도 표기될 수 있다.

부르고뉴 클리마의 위계에서 가장 높은 곳에 분류된 특급 밭(그랑 크뤼)은 그것 자체로서 완전한 하나의 원산지 명칭 단위를 구성한다.

예를 들면 쥬브레Gevrey 마을의 그랑 크뤼인 샹베르탱 Chambertin은 원산지 명칭에 마을 이름을 적지 않고 클리마 명칭만을 표기해 원산지 통제 명칭 표시 부분에 샹베르탱 통제 명칭(Appellation Chambertin Contrôlée)이라고 표기한다. 그리고 포도주 이름에 해당하는 밭 이름이나 원산지 통제 명칭 표기 아래에 '그랑 크뤼'라고 표기하는 경우가 대부분이다.

부르고뉴 포도주 명칭

부르고뉴에는 특급 밭, 일급 밭을 포함해 150개 이상의 원산지 통제 명칭 포도주가 존재한다. 보르도와 다른 것은 원산지 통제 명칭 부여에서 밭까지 세분화한 등급으로 나눈다는 점이다. 즉 지방명 원산지 통제 명칭, 지구명 원산지 통제 명칭, 마을명 원산지 통제 명칭, 밭 이름 원산지 통제 명칭 등으로 분류되어 있다.

밭에도 특급 밭과 일급 밭이 있으며, 원산지 통제 명칭이 부여된 밭은 클리마로 불려, 특급 밭은 '그랑 크뤼', 일급 밭은 '프르미에 크뤼'로 불린다.

특급 밭이 있는 곳은 부르고뉴 5개 지구 가운데 코트 드 본Côtes de Beaune 지구, 샤블리Chablis 지구, 코트 드 뉘Côte de Nuits 지구뿐이다. 보르도와 마찬가지로 원산지 명칭 단위가 작을수록 좋은 품질이 된다.

부르고뉴에서는 하나의 밭을 여러 사람이 소유하는 경우가 많다. 프랑스 혁명 당시에 귀족과 교회의 포도밭이 농민에게 매각된 후 상속되어 계속 분할되었기 때문이다. 따라서 밭은 같아도 양조회사(Domaine/도멘)의 양조법에 따라 포도주 맛도 각각 다르다.

부르고뉴 명칭 포도주의 범주

부르고뉴에서는 테루아르의 개념이 너무 중요하기 때문에 포도밭 자체가 분류의 기준이 된다. 포도 생산에서 자연적 조건의 다양성은 서로 다른 포도주 특성과 개성을 부여해주고 수많은 명칭을 낳게 했다.

부르고뉴 포도주의 명칭은 4개의 범주로 구성된다. 이들 명칭은 큰 인형 속에 작은 인형이 계속 들어가는 러시아 인형을 닮았다고 보면 된다.

예를 들면 가장 작은 특급 밭(예를 들면 '본-로마네' 마을에 있는 그랑 크뤼 '로마네-콩티') 명칭 포도주는 일급 밭(예를 들면 '본-로마네' 마을에 있는 프르미에 크뤼 '레 슘므') 명칭 포도주보다 좋은 등급이다.

일급 밭 명칭 포도주는 이 밭이 있는 마을 단위 명칭(예를 들면 '코트 드 뉘' 지구에 있는 '본-로마네' 마을 명칭) 포도주보다 좋은 등급이며, 마을 단위 원산지 통제 명칭 아래 등급으로 지방/지구 원산지 통제 명칭(예를 들면 전체 지방 명칭인 '부르고뉴 원산지 통제 명칭'이나 지구명인 '부르고뉴 오트 코트 드 본 원산지 통제 명칭')이 있다.

지방/지구 단위 원산지 통제 명칭(부르고뉴 전체 포도주 생산량의 65퍼센트)은 특정 지역에서만 한정되어 자신의 포도주를 생산하는 것과는 대비되는 이름으로 부르고뉴 전역에서 생산되는 포도주에 부여되는 원산지 통제 명칭이다.

포도주 라벨에 부르고뉴만을 표기하는 때도 있고, 부르고뉴라는 이름에 대한 보충 설명이 추가되는 때도 있다.

부르고뉴를 보충하는 용어는 부르고뉴 알리고테Bourgogne Aligoté, 부르고뉴 파스-투-그랭Bourgogne Passe-Tout-Grains 등 포도 품종명일 수도 있고, 크레망 드 부르고뉴Crément de Bourgogne와 같이 양조 방법을 붙일 수도 있다.

이와 더불어 부르고뉴 오트 코트 드 본Bourgogne Hautes Côtes de Beaune, 부르고뉴 코트 드 샬로네즈Bourgogne Côtes de Chalonnaise 등 소지역인 지구명이 붙여질 수도 있다.

마을 단위 원산지 통제 명칭(부르고뉴 전체 포도주 생산량의 23퍼센트)에 속하는 많은 마을이 자신의 포도원에서 생산한 포도주에 자기 마을 명칭을 부여한다. 예를 들면 샤블리 마을, 모레-생-드니Morey-Saint-Denis 마을, 뫼르소Meursault 마을, 륄리Rully 마을, 본-로마네Vosne-Romanée 마을, 상트네Santenay 마을 등이다.

각 마을에는 포도원의 구획이 소단위나 특별한 명칭인 클리마로 불리는 밭 단위로 나뉘어 있는데, 이 밭 단위의 이름은 마을 단위 원산지 통제 명칭 아래에 덧붙여져서 라벨에 표기될 수도 있다.

부르고뉴 지방 마을 단위 명칭 포도주 라벨

이런 소단위 포도밭은 대부분 담으로 둘러싸여 있는데, 이 때문에 담을 의미하는 프랑스어 '클로Clos'라는 이름을 갖는 경우가 많다.

몇몇 클리마들은 고유의 뛰어난 테루아르 및 환경으로 프르미에 크뤼(일급 밭, 부르고뉴 전체 포도주 생산량의 11퍼센트)로 명칭을 부여받는다. 클리마의 이름은 포도주 라벨 위에 마을명과 함께 기재된다.

그랑 크뤼 원산지 통제 명칭(부르고뉴 전체 포도주 생산량의 1퍼센트)은 개성이 매우 강하고 유명한 클리마들에게 부여된다. 이들의 명성이 매우 높고 널리 알려졌기 때문에 몽

부르고뉴 지방 일급 밭 명칭 포도주 라벨

라셰Montrachet, 코르통Corton, 뮈지니Musigny, 로마네-콩티
Romanée-Conti 등 밭 이름만으로도 그랑 크뤼임을 알리기에
충분하다. 따라서 라벨에 마을명은 표기하지 않고 밭 이름
만 표기한다.

심지어는 그랑 크뤼라는 표기조차 없이 밭 이름만 표기하
는 예도 있다. 이들 그랑 크뤼 밭은 그 자체로 완전한 하나의
원산지 통제 명칭을 구성한다. 단지 33개 포도밭만이 그랑
크뤼로 분류되는 특권을 갖는다. 그랑 크뤼 포도주는 테트
드 퀴베Tête de Cuvée로 불리고 최상급이다.

그랑 크뤼(특급 밭) 명칭 포도주 라벨

부르고뉴 코트 도르 지역의 그랑 크뤼 이해하기

부르고뉴 지방의 그랑 크뤼는 모두 코트 도르 지역에 있다. 코트 도르 지역은 그랑 크뤼 적포도주만을 생산하는 코트 드 뉘 지구와 코르통-샤를마뉴Corton-Charlemagne나 몽라셰 같은 그랑 크뤼 백포도주도 생산하는 코트 드 본 지구로 나누어진다.

그랑 크뤼 대부분은 소유주가 여러 사람이지만, 어떤 밭은 소유주가 한 사람인 경우도 있다. 예를 들면 클로 드 타르Clos de Tart나 로마네-콩티같은 그랑 크뤼가 그 예이다. 이

모노폴인 로마네–콩티 그랑 크뤼 포도주

러한 밭은 모노폴(monopole/독점)이라고 하며, 포도주 라벨에 "Monopole"이라고 표기한다.

모노폴이 아닌 다른 그랑 크뤼 밭은 소유주가 여러 명이다. 예를 들면 코트 도르 지역에서 가장 유명한 그랑 크뤼 중 하나인 클로 드 부조는 그 면적이 약 50여 헥타르인데, 소유주는 80명에 이른다. 이처럼 부르고뉴 지방 포도밭은 아주 작은 구획으로 나뉘어 있다.

부르고뉴 지방 그랑 크뤼 중 어떤 밭은 그 명성이 대단해 마을 단위 원산지 명칭을 마을명만이 아니라 유명 그랑 크뤼 명을 덧붙여 쓰는 경우가 많다. 예를 들면 쥬브레 마을의

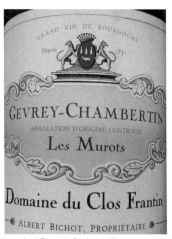

쥬브레 마을 단위 원산지 명칭 포도주 라벨

마을 단위 원산지 명칭은 Gevrey라고 표기하지 않고 그 마을
에서 가장 명성이 높은 그랑 크뤼인 샹베르탱 밭을 덧붙여
표기해 쥬브레-샹베르탱이란 마을 원산지 명칭을 사용한다.

따라서 이와 같은 마을명 원산지 명칭은 소비자에게 혼
돈을 초래하므로 크랑 크뤼 포도주와 마을 단위 원산지 명
칭 포도주를 잘 구분해야 한다. 다시 말하면 쥬브레-샹베르
탱 원산지 통제 명칭 포도주는 쥬브레 마을 단위로 생산되
는 포도주이지 그랑 크뤼인 샹베르탱 밭에서 생산되는 포도
주가 아니다.

마찬가지로 퓔리니Puligny 마을 단위 명칭 포도주인 퓔리

쥬브레 마을의 샹베르탱 그랑 크뤼 원산지 명칭 포도주 라벨

니-몽라셰Puligny-Montrachet와 그랑 크뤼인 몽라셰 밭에서 생산되는 몽라셰 포도주는 그 가격의 차이만큼 품질이나 개성에서 많은 차이가 난다. 그러므로 소비자는 라벨을 정확하게 구별할 수 있도록 유의해야 한다.

프랑스 포도주 라벨에서
크뤼의 의미 (II) :
알자스 지방과 샹파뉴 지방의 크뤼

앞에서는 부르고뉴 지방의 포도주 라벨에 표기된 '크뤼'의 개념에 대해 알아보았다. 부르고뉴 지방의 크뤼는 보르도 포도주의 '그랑 크뤼 클라세'와 같은 자체적인 양조장-포도원에 대한 분류 체계가 아니라 수확되는 포도의 개성이 강하고 품질이 우수한 밭 단위 생산 영역에 대한 원산지 명칭에 해당한다는 것을 알 수 있었다.

이번에는 부르고뉴 지방 이외에 알자스 지방과 샹파뉴 지방의 포도주 라벨에서 볼 수 있는 크뤼의 개념에 대해 알아보기로 한다.

테루아르와 포도 품종을 같이 표기하는 알자스 지방의 크뤼

알자스 포도재배 지역에서 가장 훌륭한 테루아르는 1975, 1983, 1992, 2001년 그리고 2003년에 그랑 크뤼로 분류되었다. 알자스 지방의 그랑 크뤼는 모두 51개이다. 그랑 크뤼는 부르고뉴와 마찬가지로 테루아르의 특별함 때문에 별칭을 가진 포도밭, 즉 리외-디lieu-dit에 해당한다.

예를 들면 키엔츠하임Kientzheim 마을의 슐로스베르크Schlossberg 밭, 니데르모르슈비르Niedermorschwihr 마을의 좀머베르그Sommerberg 밭, 리크위르Riquewihr 마을의 슈넨버그Schoenenbourg 밭, 투르켐Turckheim 마을의 브랑Brand 밭 등이 해당된다.

알자스 지방의 보주Vosges 산맥 기슭의 언덕에 있는 그랑 크뤼 테루아르는 양질의 토양과 충분한 일조량으로 인해 다른 포도밭과 구별된다. 알자스 지방의 그랑 크뤼 포도밭은 알자스 지방을 구성하고 있는 두 개의 도 가운데 남쪽에 있는 오-랭Haut-Rhin도에 대부분 있다.

알자스 그랑 크뤼 원산지 명칭은 곰팡이의 일종인 귀부균에 의한 감미 포도주인 귀부 포도주 생산이 가능한 품종인 리슬링Riesling, 게뷔르츠트라미너Gewurztraminer, 피노 그리Pinot Gris, 뮈스카Muscat 네 품종뿐이다.

그랑 크뤼에 허용된 생산량은 일반 알자스 원산지 명칭 생산 영역보다는 확실히 적지만, 그래도 그랑 크뤼의 생산량은 꽤 많은 편이다. 그래서 일부 유명 생산자는 해당 그랑 크뤼 명성이 불충분하다고 판단해 포도주 라벨에 자신의 브랜드명을 더 강조한다. 또는 그랑 크뤼 원산지 통제 명칭 대신에 일반 알자스 원산지 통제 명칭을 쓰면서 그랑 크뤼 내의 특정 영역인 개별 밭인 클로 이름을 강조해 표기한다.

예를 들면 그랑 크뤼인 로사커Rosacker 밭 내에 위치한 클로 생트-윈느Clos Sainte-Hune 밭에서 생산되는 포도주의 경우가 그렇다.

알자스 지방의 원산지 명칭 범주

알자스 지방의 원산지 통제 명칭은 세 종류가 있다. 알자스 원산지 통제 명칭, 알자스 그랑 크뤼 원산지 통제 명칭 그리고 발포성 포도주인 크레망 달자스 원산지 통제 명칭이다.

알자스 지방에서 포도주 분류는 부르고뉴 지방에서와 마찬가지로 최고품을 구별하기 위해 '그랑 크뤼'를 사용한다. 그 외는 모두 일반적인 알자스 지방 전체 영역 원산지 이름으로 표기하며, 품종을 함께 표기한다.

알자스 쟝티(Alsace Gentil) 포도주 라벨

지방 전체 영역 원산지 명칭인 알자스 원산지 통제 명칭은 뱅 달자스Vin d'Alsace로도 불리며, 알자스 포도주 전체 생산량의 83퍼센트에 해당한다. 알자스 원산지 통제 명칭 포도주는 100퍼센트 단일 품종으로 양조된 경우 품종명이 라벨에 기재된다.

여러 품종을 혼합한 경우에는 에델즈빅케르Edelzwiker나 쟝티Gentil를 표기한다. 더불어 지역명이나 마을명 같은 지리적 명칭을 보충적으로 기재할 수도 있다.

알자스 그랑 크뤼 원산지 통제 명칭은 알자스 포도주 전체 생산량의 4퍼센트에 해당한다.

테루아르 및 생산량의 엄격한 제한, 포도재배에 관한 규

키엔츠하임 마을의 그랑 크뤼 슐로스베르크 밭 포도주 라벨

정, 시음 인증 등과 같은 다양한 품질 기준을 통과한 포도주에 부여되는 원산지 명칭이다. 또한 다양한 아로마와 맛, 독특한 개성을 지닌 포도주를 생산하는, 선별된 테루아르에만 주어지는 원산지 통제 명칭이다.

라벨에는 그랑 크뤼로 분류된 51개의 리외-디(별칭 밭 이름) 중 하나의 이름을 반드시 기재하도록 의무화되어 있다.

크레망 달자스 원산지 통제 명칭은 알자스 포도주 전체 생산량의 13퍼센트에 해당한다.

전통적인 방식인 병 안에서의 2차 발효로 만들어지는 상큼하고 섬세한 무감미 발포성 포도주이다. 주로 피노 블랑 Pinot blanc 품종으로 양조하며, 분홍색 포도주인 크레망 로제

크레망 달자스 포도주 라벨

는 피노 누아르 단일 품종에서 만들어진다.

마을 단위별 포도 가격을 기준으로 하는
샹파뉴 지방의 그랑 크뤼

우리에게 샴페인으로 알려진 발포성 포도주로 유명한 샹파뉴 지방에는 부르고뉴 지방처럼 그랑 크뤼와 프르미에 크뤼 범주가 있다. 그러나 이들 범주는 다른 지방과는 달리 그 생산 영역이 밭이 아니라 마을에 부여되는 것이다.

샹파뉴 지방의 크뤼 체계는 매우 독특한 체계로 샹파뉴

그랑 크뤼 샹파뉴 포도주 라벨

지방 포도주 생산의 구성과 밀접하게 연결되어 있다. 샹파뉴 지방에서는 많은 포도 농사꾼이 스스로 양조하지 않고 자신의 포도를 대형 양조장에 판다.

그리고 대형 양조장은 여러 포도 농사꾼에게서 사 모은 포도를 양조해 자신의 브랜드 이름으로 시장에 내놓는다. 따라서 포도 재배자는 무게로 포도를 팔고, 이때 포도 가격을 결정해 시장에서 매매를 조절해야 했다. 이를 위해 19세기 말에 각 마을은 그곳에서 생산되는 포도의 질에 따라 점수를 매겼다. 이처럼 각 마을에 매겨진 점수는 80~100까지 퍼센트로 표시했는데, 이를 '크뤼들의 단계'라고 불렀다.

이와 같이 샹파뉴 지방 포도주 생산자 연합회가 포도 매매를 위한 기준 가격을 정하면, 각 마을은 자신에게 부여된

프르미에 크뤼 샹파뉴 포도주 라벨

퍼센트에 따라 기준 가격의 100~80퍼센트 사이의 가격으로 수확한 포도를 판매한다.

100퍼센트로 분류된 마을은 그랑 크뤼의 자격을 얻고 90~99퍼센트 사이에 분류된 마을은 프르미에 크뤼의 자격을 부여받는다. 나머지 마을은 80~89퍼센트 사이에 분류된다.

샹파뉴 지방에서 그랑 크뤼로 분류된 마을은 앙보네 Ambonnay, 부지Bouzy, 크라망Cramant, 아비즈Avize, 실르리 Sillery 등 모두 17개 마을이 있으며, 프르미에 크뤼로 분류된 마을은 38개 마을이 있다.

크뤼 클라세와 크뤼의 차이점

이상에서 프랑스 포도주 라벨에 기재될 수 있는 크뤼 클라세와 크뤼에 대해 살펴보았다.

이를 요약하면, 크뤼 클라세는 프랑스 보르도 지방 포도주에 대한 자체적 분류 체계다. 이 분류는 혼합 포도주인 보르도 포도주의 양조 방식처럼 순수한 테루아르에 대한 평가가 아니라 양조 기술도 반영하는, 즉 포도주를 생산하는 포도원-양조장인 샤토에 대한 평가를 기준으로 수립한 분류 체계다.

반면 크뤼는 프랑스 부르고뉴, 알자스 및 샹파뉴 지방의 포도주 라벨에 기재되는 분류 체계로, 순수하게 테루아르의 개성만을 반영해 생산 영역에 부여되는 분류 체계다.

따라서 매매 등에 의해 포도밭을 소유하는 양조장이 달라져도 크뤼의 지위를 갖는 생산 영역은 그 분류 등급을 그대로 유지한다.

다만 부르고뉴 크뤼는 완전한 원산지 명칭의 자격을 갖고 있어 프랑스 국립 원산지 명칭 연구소에 의해 법적으로 규정되었다. 그러나 알자스 지방과 샹파뉴 지방의 크뤼는 독립된 원산지 명칭 자격을 갖는 것은 아니다.

등급 분류와 포도주의 고급 이미지

위에서 살펴본 프랑스 포도주 라벨의 다양한 기재 사항 중 크뤼 클라세와 크뤼는 해당 포도주 품질에 대한 고급 이미지를 구축하는 데 중요한 역할을 한다. 즉 라벨에서 크뤼 클라세와 크뤼에 대한 등급 분류는 포도주 세계에 대해 경험이 별로 없는 사람에게 신뢰성을 주는 손쉬운 방법이 될 수 있다.

그렇지만 등급 분류되지 못한 포도주 가운데 어떤 것은 그 품질이 등급 분류된 포도주만큼이나 가치 있는 것도 있다.

그렇다면 프랑스 포도주 라벨에서 찾아볼 수 있는 크뤼

클라세와 크뤼에 대한 언급은 해당 포도주의 고급 이미지 구축을 위한 단순한 선전 문구에 지나지 않는 것일까?

자연환경인 테루아르를 분류 기준으로 삼는 크뤼의 경우는 고급 포도주 이미지의 신뢰성에서 큰 이견이 없을 수도 있다. 그러나 클로 드 부조처럼 동일 특급 밭이 80여 명의 많은 소유자, 즉 양조장으로 분할된 경우 특급 밭의 명성만을 전적으로 신뢰할 수는 없을 것이다. 그리고 양조장들 사이의 분류인 크뤼 클라세의 상황은 더욱 다를 수 있다.

포도주의 질을 결정하는 데 포도밭의 테루아르가 매우 중요하다는 것을 부인할 수 없다. 그러나 테루아르의 가치를 높이는 것은 양조자의 역할이기 때문에 양조자의 노력 여부도 무시할 수 없다.

그러므로 '크뤼 클라세'나 '크뤼'라는 지위가 양조자들에게 그 등급 분류에 맞는 포도주를 만들게 한다. 그리고 그에 합당한 가격을 받기 위해 포도밭에 끊임없이 투자하고 관리하도록 자극하는 것이다.

프랑스 포도주 라벨에서
식탁 포도주 의미

　프랑스에서 식사 때 일상적으로 마시는 식탁 포도주는 대부분 적포도주다. 식탁 포도주의 가장 큰 특징은 여러 포도원의 포도주나 혹은 유럽연합의 서로 다른 나라 포도주까지도 혼합해 생산한다는 것이다. 그렇다고 식탁 포도주가 시장에 나오기까지 아무런 규칙도 없이 생산되는 것은 아니다. 식탁 포도주는 유럽연합에서 생산되는 포도주의 기초 범주이다.

포도주의 혼합

원산지 통제 명칭 포도주와는 달리 식탁 포도주는 서로 다른 생산 영역의 포도주를 혼합한다. 이 때문에 라벨에 어떠한 지리적 언급도 표시되지 않는다. 그러나 프랑스 식탁 포도주와 유럽연합의 여러 식탁 포도주 사이의 구분은 있다.

프랑스 식탁 포도주의 경우 Vin de table français 혹은 Vin de table de France라고 라벨에 표기하며, 프랑스에서 생산된 포도주만을 혼합해야 한다.

반면에 유럽연합 식탁 포도주는 유럽의 여러 나라에서 생산된 포도주를 혼합한다. 예를 들면 프랑스 랑그도크 지방의 포도주와 에스파냐나 이탈리아의 포도주를 혼합하면 프랑스 식탁 포도주가 될 수 없고 유럽연합 식탁 포도주가 된다.

식탁 포도주의 알코올 함유량은 8.5~15%/vol이다. 현재 상품명/브랜드명으로 상품화되는 식탁 포도주는 라벨에 품종과 수확 연도를 표기할 수 있다. 그러나 '샤토'나 '도멘'의 이름은 사용할 수 없다.

식탁 포도주 라벨

위기의 포도주

식탁 포도주는 평판이 그다지 좋지 않다. 왜냐하면 유럽 포도원의 과잉생산 위기와 결부되어 있기 때문이다.

랑그도크 지방은 비옥한 평원에서 자란 품종이나 수확량이 많은 혼합 품종에 따른 생산 과잉으로 경제적인 위기에 빠졌다. 더구나 이러한 포도주는 알코올 함유량이 더 높은 알제리 포도주나 이탈리아 풀리아 지방 포도주 또는 시칠리아 포도주와 혼합되곤 했다.

유럽연합은 과잉 생산을 줄이고, 식탁 포도주 소비량의 감소를 극복하기 위해서 1970년대 중반에 포도나무를 뽑고, 의무적으로 증류주를 만드는 정책을 실시했다.

식탁 포도주의 스타들

이탈리아는 평범한 품질의 식탁 포도주(이탈리아어로는 vino da tavola)를 다량 생산한다. 그러나 이탈리아의 토스카나 지방이나 피에몬테 지방에는 슈퍼 식탁 포도주라고 하는 놀라운 품질의 식탁 포도주도 있다.

어떤 포도주 생산자들은 독창적인 양조 방식과 품종을 이용해 원산지 명칭과는 매우 다른 포도주를 선보인다. 1970년대에 토스카나 지방의 첫 번째 유명 식탁 포도주는 그 지역 고유 품종인 산지오베제나 넵비올로가 아닌 카베르네 소비뇽 품종을 사용해 보르도식으로 생산한 사시카이아 Sassicaia였다.

유명한 포도주 생산자 안티노리Antinori는 이와 같은 방식으로 티냐넬로Tignanello를 생산했다. 이들 슈퍼 식탁 포도주 가운데 어떤 것은 슈퍼 토스카나라는 이름으로 승격하기도 했다.

예를 들면 사시카이아는 원산지 명칭 포도주로 승격되고,
티냐넬로는 지방명 포도주로 승격되었다.

프랑스 포도주 라벨에서
지방명 포도주 의미

프랑스에서 고급 식탁 포도주는 지방명 포도주이다. 지방명 포도주는 랑그도크 지방에서 가장 많이 생산하는데, 프랑스 지방명 포도주의 80퍼센트가 이 지역에서 나온다.

지방명 포도주는 잘 알려진 해당 지방에 대한 이미지의 혜택을 받으며, 대부분 국제적으로 유명한 품종명을 라벨에 표기한다. 그리고 이와 같은 품종 표기는 해외 시장에서 포도주 소비를 올려주는 한 요인이 된다. 지방명 포도주는 생산 지역의 지리적 표시가 있는 식탁 포도주 범주이다.

덜 엄격한 규칙

지방명 포도주의 허용 포도 품종 목록이 원산지 명칭 포도주보다 더 다양하고, 포도 수확량도 더 많이 허용된다. 그렇다고 이 범주의 포도주 생산에 엄격한 틀이 없는 것은 아니다. 생산지의 지리적 범위, 알코올 함유량이나 휘발성 산도와 같은 분석적 규범, 의무적 사전 승인 시음에서는 엄격하다.

지방명 포도주의 판매를 감독하는 곳은 식탁 포도주와 마찬가지로 국립 포도주 전문산업공사가 담당한다. 이 기관이 지방명 포도주 및 식탁 포도주의 승인과 승격을 담당한다. 현재 지방명 포도주는 해외시장으로 진출로를 점점 넓히고 있다.

하나의 지리적 원산지와 수확 연도

지방명 포도주는 지리적 원산지와 수확 연도를 라벨에 표기하는데, 생산 영역의 넓이에 따라 세 가지 범주로 나뉜다. 매우 넓은 영역인 지방(광역) 명칭이 있는데, 예를 들면 루아르 지방Pays du Val de Loire, 오크 지방Pays d'Oc, 콩테 지방Pays

광역 명칭인 오크 지방 지방명 포도주 라벨

de Comtétolosan / Pays des Comtés rhodaniens, 지중해 지방Pays de la Méditerranée, 대서양 지방Pays de l'Atlantique 등이 이에 속한다.

그리고 에로 지방 포도주vin de pays de l'Héraut와 같은 50여 개에 이르는 도단위 명칭과 코트 드 통그 지역 포도주vin de pays des côtes de thongue나 코토 드 퐁코드 지역 포도주vin de pays des coteaux de Fontcaude, 일 드 보테 지역 포도주vin de pays de l'île de Beauté 등과 같은 특정 지역 명칭이 있다.

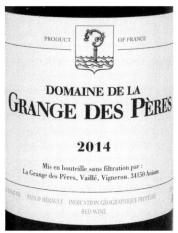

도단위 명칭인 에로 지방 지방명 포도주 라벨

인기 품종

지방명 포도주 생산자는, 특히 랑그도크 지방에서 품종명 포도주로 특화됐다. 이런 포도주의 이점은 라벨에 포도 품종을 표기할 수 있다는 점이다. 품종명 표기 지방명 포도주에 자주 사용되는 품종은 소비자에게 널리 알려진 국제적 품종인 카베르네 소비뇽, 피노 누아르, 시라, 샤르도네, 소비뇽 블랑 등이다.

고급 지방명 포도주

어떤 생산자는 지방명 포도주 범주가 원산지 통제 명칭 포도주 체계보다 표현의 자유(특히 품종에서)가 더 많아서 지방명 포도주 범주를 고수하는 때도 있다. 이탈리아의 슈퍼 토스카나 등이 그렇다.

프랑스에서는 랑그도크 지방의 마스 드 도마-가삭Mas de Daumas-Gassac이나 라 그랑주 데 페르La Grange des Pères 등과 같은 양조장이 자신의 지방명 포도주를 이웃하는 원산지 명칭 영역의 포도주 가격보다 훨씬 더 높은 가격으로 판매하고 있다.

그리고 레 보-드-프로방스Les Beaux-de-Provence 원산지 명칭 영역의 도멘 드 트레발롱Domaine de Trévallon 양조장 같은 몇몇 생산자는 원산지 명칭 포도주에 허용되지 않는 포도 품종을 심었기 때문에 원산지 통제 명칭을 받지 못했다.

프랑스 포도주 라벨에서
스페셜 퀴베 의미

프랑스 포도주 라벨에 '특별한(spéciale)'이라고 표시된 의미는 무엇일까?

이같이 어떤 포도재배-양조자나 양조회사의 생산 포도주 가운데서 고급 품질 포도주에 해당하는 것으로 간주되고, 그 포도주에 환상을 주는 이 표시는 과연 무엇이 특별하다는 의미일까?

스페셜 퀴베에 대한 공식적인 정의는 존재하지 않는다. 따라서 이런 포도주를 선택할 때는 그 표시에만 의존해서는 안 된다. 양조가의 능력이나 명성에 대해 포도주 애호가(소비자) 자신이 잘 알아보아야 한다.

퀴베는 한 발효조에서 양조하고 따로 병에 담아 특별한 이름으로 상품화되는 특정 포도주 분량을 의미한다.

퀴베라는 용어는 품질을 보장하는 것인가?

퀴베라는 용어는 동일한 특정 생산 분량이나 특별한 혼합 생산분을 병에 담은 것을 가리킬 뿐이지, 품질을 보장하는 것은 아니다.

퀴베를 지칭하기 위해서는 어떤 이름이든지 사용할 수 있다. 예를 들면 고전적으로 가장 많이 사용하는 '리저브 Réserve'나 '전통Tradition'부터 협동조합의 회장 이름, 포도재배-양조자의 자녀 이름, 혹은 '새천년 퀴베'처럼 지역이나 역사적 언급까지 매우 다양하다.

다만 소비자에게 오해의 소지를 불러일으키거나 원산지 명칭과 혼동될 수 있는 표기만이 부정행위 단속국에 의해 금지될 뿐이다. 이를테면 '오래된 포도나무vieilles vignes'라고 표기된 퀴베를 규정하는 어떠한 규칙도 없다.

프레스티지 퀴베는 어떤 명성이 있는 것인가?

일반적으로 프레스티지 퀴베(cuvée de prestige/고급 양조분량)는 해당 포도원에서 정성들여 재배한 가장 좋은 포도로 만든 포도주다. 그리고 대부분 참나무통에서 숙성시켜 고품질 포도주에 해당한다.

샹파뉴 지방에는 유명한 샴페인 스페셜 퀴베가 많이 있다. 대부분 수확 연도 표기 샴페인이며, 일반적인 샴페인 포도주와는 다른 특별한 숙성 방식으로 생산되고 숙성 기간도 더 길다. 그래서 이들 스페셜 퀴베 샴페인은 세심한 정성이 들어가며 가격도 매우 높다.

최초의 스페셜 퀴베 샴페인을 만든 사람은 외젠 메르시에 Eugène Mercier다. 그가 선보인 스페셜 퀴베는 나폴레옹 3세를 위해 만든 '황제 퀴베la cuvée de l'Empereur'였다.

뒤이어 1876년부터 로드레Roederer사가 러시아 황제 알렉산드르 2세에게 헌정된 퀴베 크리스털Cuvée Cristal을 출시했다. 그리고 1936년에 모엣 에 샹동Moët et Chandon사에서 동 페리뇽Dom Pérignon을 선보였다. 이 샴페인은 대서양 횡단 여객선 노르망디Normandie호에 궤짝으로 실려 뉴욕으로 수출되기도 했다.

태탱저Taittinger사의 콩트 드 샹파뉴Comtes de Champagne,

볼랭저Bolinger사의 그랑드 아네Grande Année, 크뤼그Krug사의 수확 연도 표기 샤르도네 단품종 샴페인인 클로 뒤 메닐Clos du Mesnil, 로랑-페리에Laurent-Perrier사의 수확 연도 비표기 샴페인인 그랑 시에클Grand Siècle 등이 유명한 스페셜 퀴베 샴페인 포도주다. 이들 샴페인 대부분은 독창적인 형태의 포도주병에 담아 출시된다.

보르도 지방의 소테른 지역에서 생산되는 프레스티지 퀴베는 흔히 'Tête de cuvée' 혹은 'Crème de tête'라고 표기한다.

프랑스 포도주 라벨에 표기되는 포도주 생산자의 유형

프랑스 포도주는 포도를 직접 재배하고 양조해 포도주를 만드는 생산자가 있다. 그런 반면에 이미 양조된 포도주를 사들여 혼합만 하고 병에 넣어서 자신의 상표로 판매하는 생산자도 있다. 이처럼 여러 유형의 포도주 생산자는 자신이 어떤 범주에 속하는지를 포도주 라벨에 표기한다.

본 장에서는 이처럼 프랑스 포도주 라벨에서 볼 수 있는 포도주 생산자 유형에 대해 알아볼 것이다.

포도 재배자

포도 재배자는 포도를 생산하는 농부다. 포도 재배자는 포도원 소유자이거나, 포도원을 임대하거나 소작인 또는 반타작 소작인일 수도 있다.

소작은 포도원에서 나온 수입과는 상관없이 별도로 임대료를 지급하는 것이다. 반면에 보졸레Beaujolais 지방(전체 포도원의 40퍼센트)에서 아주 흔한 반타작 소작 제도는 농사를 짓는 사람이 포도원 소유주에게 포도 수확의 일부를 현물로 지급하는 것이다.

포도 재배자가 포도주 생산에 필요한 장비나 능력이 없을 때는 협동조합에 가입해 수확한 포도를 제공하거나 양조자-네고시앙에게 팔 수도 있다.

독립 포도재배-양조자

독립 포도재배-양조자는 포도나무를 재배하고, 포도를 생산하며, 스스로 양조에서부터 병에 담는 일까지 하는 사람이다. 포도재배-양조자는 자신이 생산한 포도주를 직접 판매할 수도 있고, 도매상을 통해 판매할 수도 있다. 상파뉴 지방에서는 포도재배-양조자를 포도수확-양조자라 부르고, 포도주 라벨에는 약자로 RM이라고 표기한다.

협동조합

협동조합은 조합원이 생산한 포도를 구매해 양조와 상품화하는 집단 자산이다. 사회적 위기에 대처하기 위해 20세기 전환기에 탄생한 최초의 협동조합은 알자스 지방의 리보빌레 조합(Ribeauvillé, 1895)과 에로Héraut 지방의 마로상 자유 포도재배-양조자 조합(les Vignerons Libres de Maraussan, 1901) 등이다.

오늘날 프랑스에서 생산되는 포도주 절반 이상이 약 850여 개의 협동조합에 의해 생산되고 있다. 협동조합은 한 사람 한 표라는 민주적 규칙을 따르고 있다.

수확한 포도는 장비가 잘 갖추어진 공동 술 창고에서 양조한다. 조합원은 포도의 양과 수확 단계에 따라 보수를 받지만, 포도의 품질에 따라 상여금도 받는다. 품질 기준은 협동조합과 포도주 농사꾼 사이의 계약으로 정해지는데, 이를 '품질 헌장 원칙'이라고 한다.

포도의 혼합은 범주별로 이루어지는데 품종별, 테루아르

의 유형별, 포도나무의 수령별, 위생 상태별 등의 범주가 있다. 이처럼 포도를 혼합해 각각 생산한 양조분(量)을 협동조합의 상표 가운데 하나를 부여해 상품화한다. 특정한 하나의 포도원에서 수확한 포도를 따로 양조해 이 포도원의 이름을 라벨에 표시한 스페셜 퀴베를 생산하기도 한다.

협동조합은 포도주 라벨에 "소유지에서 병에 담음(mis en bouteille à la propriété)"이라는 언급을 표시할 수 있는 권한이 있다.

네고시앙

네고시앙의 첫 번째 역할은 이미 병에 담긴 포도원 포도주를 사들여서 다시 판매하는 것이다. 그러나 네고시앙은 양조자이거나 혼합자일 수도 있다.

양조자-네고시앙은 포도 재배자와 계약을 맺어 포도를 사들인 후, 자신의 술 창고에서 양조한다. 이렇게 생산된 포도주는 일반적으로 라벨에 네고시앙의 이름을 표시한다. 이러한 도매상은 포도원이 세분되어 있는 부르고뉴 지방에 널리 퍼져 있다.

예를 들면, 부샤르Bouchard, 드루앵Drouhin, 페블레Faiveley,

루이 자도Louis Jadot 등이 부르고뉴 지방의 유명한 양조자-네고시앙이다.

보르도 지방에서는 양조자-네고시앙이 말르상Malesan이나 무통 카데Mouton Cadet 등과 같이 브랜드명으로 판매되는 대량의 포도주 생산을 담당한다.

양조자-네고시앙은 점점 발전하고 있으며, 협동조합과 경쟁하고 있다. 어떤 포도재배-양조자는 자신의 고유한 포도주 생산뿐만 아니라 네고시앙의 활동도 동시에 하는 경우가 많다. 그래서 더 많은 양의 포도주에 자신의 이름을 넣게 되고, 이는 소비자에게 혼돈을 유발한다.

숙성자-네고시앙은 중개인을 통해서 일정량의 포도주를 사들여, 그것을 혼합한 후 브랜드명으로 상품화한다. 숙성자-네고시앙은 자신의 술 창고에서 젊은 포도주를 숙성시키고 병에 담을 수 있다. 이들은 포도주가 장기 숙성하도록 포도주병의 재고량을 관리할 수 있으며, 나중에 시장에 내놓을 수 있다.

샹파뉴 지방의 브랜드명 제조사

샹파뉴 포도주 상사[포도주 라벨에는 약자 NM(négociant-

manupulant/양조자-네고시앙)으로 표시됨]는 일반적으로 자신의
고유한 포도원을 소유하고 있다. 그렇지만, 그 회사의 포도
는 대부분 원산지 명칭 영역의 포도 재배자에게서 매입한다.
이렇게 매입한 포도를 품종이나 지역 등에 따른 여러 가지
유형의 포도주를 만든 후, 이를 혼합해서 그 회사 브랜드의
일정한 맛을 유지하는 수확 연도 비표기의 무감미 샹파뉴를
생산한다. 매입 포도 가격은 생산 영역의 등급 분류와 시장
법칙에 따라 정해진다.

프랑스 포도주 라벨의 역사

이 책에서 사용하는 라벨이라는 용어의 프랑스어인 '에티케트*étiquette*'라는 단어는 14세기 피카르디 지방의 단어였던 '목표물을 표시하는 기둥'이라는 뜻을 가진 'estiquette'에서 유래한다.

이후 이 단어는 법률 용어로 소송에 제출된 자료를 담은 자루에 부착했던 '의뢰인, 피고인, 대리인' 등의 내용을 표시하는 게시표라는 의미로 사용되었다. 그러다 16세기 후반부터는 현재 의미인 '(성질·내용··가격·행선지·소유자 등을 표시하기 위해) 어떤 물건에 부착된 작은 꼬리표'라는 의미로 통용되었다.

단어의 기원은 이와 같지만, 단어의 의미를 충족시키는 포도주에 부착되었던 실제 라벨의 기원은 분명하지 않다.

최초의 종이 라벨은 개인적인 목적으로 내용물을 표시하기 위해 손으로 써서 포도주 용기에 붙였던 것으로 추정된다. 아마도 최초의 라벨은 17세기 말경에 동판 인쇄에 의한 것으로 알려졌지만 이를 증명해줄 만한 흔적 또한 아무것도 없다.

이처럼 최초의 라벨이 전해지지 않는 것은 당시 사람들은 값나가고 중요한 것만 간직했기 때문일 것이다. 또한 빈 병은 씻어서 재활용했으며 이 과정에서 병에 부착되어 있던 라벨 조각은 사라졌을 것으로 추정된다.

그러나 유명한 포도밭과 수확 연도가 좋은 포도주는 오래전부터 알려졌으며, 소비자는 이 같은 포도주를 선호했다.

이와 같은 표시의 중요성을 인식한 양조자는 병에 부착된 종이 라벨의 출현 전에도 포도밭 이름을 표시하고 유약을 칠한 이름표를 병목에 끈으로 부착했던 것으로 알려졌다.

이와 같은 이름표나 병의 내용물을 함부로 바꾸거나 제거하지 못하게 하려고 이름표를 매단 끈과 병마개를 밀랍으로 둘러쌌다. 그리고 그 위에 숫자나 글자, 초상화 등이 새겨진 인장을 찍어 봉인했다. 포도주 이름을 새겨 포도주병에 부착한 유리 인장은 19세기 말까지 사용되었다.

포도주병이 발명된 후 초기의 라벨 제작은 돌에 글자를 직접 손으로 새겼다. 그리고 잉크를 묻힌 뒤 종이에 찍어서 만들어 내는 방식이었다. 이 방법은 손이 많이 가고 어려운 작업이었는데, 18세기 말까지 지속되었다.

포도주 라벨에서 혁신은 1798년 알로이스 제네펠더Aloys Senefelder가 석판 인쇄술을 발명하면서부터 본격적으로 시작되었다. 극작가였던 제네펠더는 극본을 여러 권 인쇄하기 위해 기름 성분으로 된 잉크를 개발하여 석판 인쇄를 시도했다. 석판은 석회암을 사용했다. 이것이 바로 석판에 의한 평판 인쇄술의 시초다. 그는 출판사와 협력해 점차 인쇄 기술을 개선했고 화학적 공정도 도입했다.

석판 인쇄는 20세기 초반까지 유럽 전역에서 폭넓게 사용되었고 포도주 라벨도 예외는 아니었다. 무엇보다 포도주 라벨의 대량 생산을 가능하게 했다. 당시에는 단색으로만 인쇄되던 라벨을 19세기 중반에 석판술이 다양해지면서 다색배합 인쇄가 가능해진 것이다.

포도주 생산자는 이처럼 평판 인쇄술이 널리 보급되면서 포도주에 대한 다양한 정보 기재가 가능한 직사각형 형태의 포도주 라벨을 사용하기 시작했다. 그리고 포도주 이름이나 수확 연도를 기재했다. 프랑스 샹파뉴의 샴페인 생산회사에서는 차별화를 위해 라벨에 금·은·동 같은 다양한 색을 입

했다.

그러나 초기의 종이로 된 포도주 라벨은 포도주 이름과 수확 연도만을 표기했었다. 그중에서 수확 연도의 표기는 앞자리 두 숫자만 인쇄하고 나머지 두 숫자는 비워 둔 후 나중에 손으로 표기하는 방식이었다.

최초의 라벨은 목판으로 인쇄한 가로 5센티미터, 세로 3센티미터 정도의 작은 종잇조각 형태였다.

19세기에 라벨의 사용은 세 가지 유형이 공존했었다. 당시만 해도 포도주 생산자가 라벨을 사용하는 경우는 매우 드물었다. 이는 포도주를 병에 넣어 판매하는 것이 한정된 부유한 고객만을 위한 것이었기 때문이다.

반대로 도매로 포도주를 매입해 이를 병에 담아 소매로 다시 판매하는 네고시앙은 가장 중요한 라벨 수요자였다. 이때 라벨은 네고시앙이 병에 직접 부착하거나 고객에게 포도주와 같이 보내서 고객의 필요에 따라 사용하게 했다. 이러한 네고시앙의 라벨은 자유로운 형식으로 장식된 종이쪽지였고 그 기재 내용에 아무런 제약이 없었다.

세 번째 유형은 개인이 포도주를 참나무통 채로 사서 자신의 저장고에서 일꾼에게 병에 담게 하는 경우이다. 이 경우 포도주를 구매한 개인이 직접 인쇄소에 라벨을 주문해서 병에 붙였다. 이러한 라벨은 인쇄된 내용이 아주 간단한 것부터 화려한 것까지 다양하지만, 라벨에 표시된 산지는 신뢰하기 어려운 경우가 많았다.

당시의 포도주 라벨은 절제된 형태가 필수적이었다. 이러한 절제된 형식의 라벨은 오늘날에도 몇몇 고급 포도주 상표로 사용되고 있다. 예를 들면 로마네-콩티나 샤토 디켐의 경우가 그렇다.

1830년 이전까지는 포도주 라벨은 크레망, 니어슈타이너 백포도주 같은 포도주 종류나 네고시앙-생산자의 이름 정도만을 기재했다. 네고시앙이나 생산자는 이와 같은 내용의 라벨을 커다란 용지에 여러 장을 한꺼번에 인쇄해 가위로 오려서 포도주병에 부착했다. 라벨의 바탕색은 대체로 황금색으로 밭 이름은 검은색으로 표기했다.

1830년대부터는 포도 나뭇잎 무늬의 장식적인 테두리가 새겨진 라벨이 출현했다. 수확 연도도 4자리 모두 기재되고, 'Meursault 1ère qualité(뫼르소 마을 1급 품질)' 등과 같은 포도주의 생산지와 품질에 관한 개별적인 언급도 이때부터 기재되었다. 이와 같은 라벨 유형은 1830년대부터 1870년대까지 지속되었고, 1850년부터 라벨의 판형은 커지기 시작했다. 이처럼 라벨에 일정한 형태의 모티프가 등장하고, 색상도 하얀 바탕에 금색이나 파란색에서 다양한 색으로 인쇄되었으며, 붉은색도 사용되었다.

통제된 원산지 명칭 사용 이전에 밭 이름은 유동적이었다. 그리고 이 시기부터는 라벨의 정보 기능에 더해 미적 추구도 시작된다.

이러한 라벨은 일차적으로 인쇄소에서는 테두리만 찍어 넣거나 테두리에 더해 특정 모티프만 인쇄한다. 그리고 나머지 개별적인 사항은 라벨을 주문/구매한 사람이 필요에 따라 직접 손으로 기재하거나 추가로 인쇄해 넣을 수 있게 만든 것이다.

이후 특정 포도주에 대한 선호도가 높아짐에 따라 포도주 생산자는 개성적이고 우수한 품질에 대한 정보를 제공하려는 욕구가 커졌다. 또한 인쇄술이 발전하면서 포도주 라벨의 기재 내용도 복잡해지고 다양한 삽화도 추가되기 시작했다.

그리고 판매망이 지역 중심에서 전국으로 점차 확장되었다. 그러면서 이전의 간결했던 라벨도 포도주의 명성을 과시하기 위해 귀족 문장이 인쇄된 화려한 형식으로 변했다.

네고시앙이나 생산자는 점차 포도주에 자신만의 독특한 라벨을 부착하기를 원했다. 이처럼 이전의 포도주 라벨이 간단한 정보 표시 정도였다면, 19세기 후반은 기재 내용이 더 자세할 뿐만 아니라 홍보적인 성격도 갖추게 되었다.

이처럼 포도주 라벨은 단순한 기본적 정보 표시에서 소비자에게 영향력을 행사하는 개별화된 표현이라는 새로운 역할을 갖게 되었다.

1900년경부터 포도주 라벨은 더욱 다양해진다. 어떤 라벨은 옛날 스타일을 그대로 유지하기도 했다. 하지만 대부분 포도원의 풍경 혹은 경연 대회나 전시회에서 획득한 메달이나 훈장 등을 라벨 전면에 내세웠다.

통제된 원산지 명칭이 공식적으로 법제화되기 이전인 1920년대와 1930년대 포도주 라벨은 그 당시의 미술 경향이었던 아르 누보 양식과 아르 데코 양식의 영향을 받아, 미적으로 한층 강화되었다.

1919년 5월 6일 법률에 따른 최초의 명칭 제도는 포도주 생산자 이름과 지리적 명칭을 라벨에 의무적으로 기재하도록 했다. 라벨에 기재하는 지리적 명칭은 해당 생산 지역에서 결정했다.

생산 지역에 따라 그 당시까지 명확하게 한 가지로 결정되지 않았던 생산 지역 명칭에 대한 논란은 상당한 기간이 지난 후에야 현재 알려진 생산지 이름으로 확정되었다.

이후 1935년 현재의 AOC 제도가 수립되었고, 이에 따라 기본적인 사항에 대한 라벨 표기의 전국적인 표준화가 이뤄졌다.

1950년대에는 장식형 대문자를 사용하거나 귀족 가문의 문장, 로마 시대 양식의 둥근 천장, 기둥 상부 장식 등이 모티프로 유행했다. 그리고 1930년대에 이미 시작되었지만 1950년대부터 커다란 성공을 거둔 산지에서의 직판은 라벨에 샤토 등을 포함한 생산자 자신의 포도원 그림을 넣는 경향을 일으켰다.

1970년대 출현한 점착 라벨은 포도주 라벨의 역사에서 또 하나의 커다란 혁신이었다. 자체 점착 기술은 19세기 말에 이미 발명되었다. 이러한 점착 기술이 상품의 라벨로 개발되어 제조 및 판매되기 시작한 것은 스탠턴 에이버리 R. Stanton Avery가 미국에서 1935년에 'Avery Adhesives'라는 회사를 설립하면서였다.

그러나 포도주에 점착 라벨이 사용된 것은 1970년대에 호주에서 처음 시작되었다. 프랑스에서는 1980년대부터 점착 라벨이 사용되었다.

포도주 라벨은 예나 지금이나 포도주를 포장하는 장식적 매체이며, 소비자의 관심을 끌기 위한 수단이다. 동시에 해당 포도주에 대한 정보를 제공하는 요소이기도 하다. 한편으로는 라벨에 제시된 여러 정보는 불완전한 경우도 많고, 단지 홍보용인 내용도 많다.

따라서 이와 같은 과도한 정보는 소비자를 오히려 혼란스럽게 만들기도 한다. 포도주 라벨은 애초에는 단순히 용기에 담겨있는 내용물을 확인시켜주는 용도로 사용되었다.

그러나 지금은 실용적 목적의 표시 이외에 수많은 정보가 더해졌다. 그래서 초보적인 포도주 소비자에게 라벨은 알 수 없는 단어로 이루어진 수수께끼 같은 존재로 변모되었다. 의무적인 기재 사항 이외에도 포도주 가치를 강조하기 위한 여러 가지 언급이 추가되고, 포도주 품질이나 포도원과는 연관이 없는 시사적이거나 관광지 안내 같은 그림도 등장했다.

지금까지 포도주 라벨이 순전히 실용적인 기능에서 시작해 장식과 정보라는 이중적 역할에 이르기까지 어떻게 변화했는지 살펴보았다.

포도주 라벨은 단순히 포도주병에 부차적으로 붙여져 있거나, 그저 판매를 위한 상표로서의 구실만 하는 것이 아니다. 포도주병에 부착되어 매년 수백만 부 이상 배포되는 라벨은 항상 표준적이거나 일률적인 형태가 아니라 필요와 상황에 따라 진화하면서 해당 포도주의 개성을 알려주는 길잡이 역할을 하고 있다.

〈가나다 순〉

감미(doux/liquoreux)

고급 양조분(량)(cuvée de prestige)

국립원산지명칭연구소(Institut national des appellations d'origine/INAO)

그랑 크뤼(grand cru-특급 밭)

그랑 크뤼 클라세(grand cru classé/특급 분류 포도주)

네고시앙(négociant/중간제조-판매업자)

독립 포도재배-양조자(vigneron indépendant / 포도주 농사꾼)

독점(monopole)

라벨(étiquette)

리외-디(lieu-dit/별칭 밭 이름)

마을(cimmune/코뮌)

메를로(merlot)

모노폴(monopole-독점)

무감미(sec)

미세기후(microclimats)

발효조(cuve)

밭의 별칭(lieux-dits)

보호된 원산지 명칭 (AOP/appellation d'origine protégée)

보호된 지리적 표시 (IGP/indication géographique protégée)

빛깔(couleur)

샤르도네(chardonnay)

샤토(château)

샤토/소유지/도멘에서 병입(mis en bouteille au château/à la propriété/au domaine)

생산지역(région)

수확 연도(millésime/밀레짐-빈티지)

숙성자-네고시앙(négociant-éleveur)

스페셜 퀴베(cuvée spéciale_특별 양조분(량))

시음(dégustation)

식탁 포도주(vin de table / VdT)

아황산염(sulfites/무수아황산(산화방지제))

약감미(demi-sec)

양조(vinification)

양조가(vinificateur)

양조상사(maison)

양조자-네고시앙/양조 및 중간제조(양조)-유통업자(négociant-vinificateur)

양조장(양조시설/cuvier과 술창고/chai)

양조회사(domaine/양조장)

오래된 포도나무(vieille vigne)

우수품질제한원산지명칭 포도주(appellation d'origine vin délimité de qualité supérieure/AOVDQS)

원산지통제 명칭(AOC : appellation d'origine contrôlée)

일급 밭(premiers crus-프르미에 크뤼)

장기 숙성(vieillissement)

중간제조-판매업자(négociant)

중감미(moelleux)

중개인(courtier)

지구(sous-région)

지방명 포도주(vin de pays/VdP)

카베르네 소비뇽(cabernet sauvignon)

퀴베(cuvée/특정한 양조분(량))

크뤼(cru)

크뤼 클라세(cru classé/분류 양조장 포도주)

테루아르(terroir)

통제된 원산지 명칭(appellation d'origine contrôlée-AOC/원산지통제 명칭)

특급 밭(grand cru)

특급 분류 포도주(grand cru classé/그랑 크뤼 클라세)

특급 포도주(grand vin)

포도수확-양조자(récoltant-manipulant/RM)

포도재배-양조자(vigneron)

포도 재배자(viticulteur)

포도 품종(cépage)

포일(capsule-캡슐)

프레스티지 퀴베(cuvée de prestige/고급 양조분(량))

프르미에 그랑 크뤼 클라세(premier grand cru classé/특1등급 분류 포도주)

프르미에 크뤼(premiers crus/일급 밭)

협동조합(coopératives)

협동조합(형 판매회사)(cave coopérative)

혼합(assemblage/블렌딩)

후면 라벨(contre-étiquette)

〈알파벳 순〉

AOC/appellation d'origine contrôlée(원산지통제 명칭/통제된 원산지 명칭
(포도주))

AOP/appellation d'origine protégée(보호된 원산지 명칭 (포도주))

AOVDQS/appellation d'origine vin délimité de qualité supérieure(우수품질
제한원산지명칭 포도주)

assemblage(혼합/블렌딩)

blanc(백포도주/화이트 와인)

brut(무감미 (샴페인))

cabernet franc(카베르네 프랑 품종)

cabernet sauvignon(카베르네 소비뇽 품종)

capsule(포일/캡슐)

cave coopérative(협동조합(형 판매회사))

cépage(포도 품종)

chai(술창고)

champagne(샴페인)

chardonnay(샤르도네 품종)

château(샤토/포도원-양조장)

clos((담으로 둘러쳐진) 밭)

commune(마을/코뮌)

contre-étiquette(후면 라벨)

coopérative(협동조합)

couleur(빛깔)

courtier(중개인)

crémant(크레망/거품 포도주)

cru(밭/크뤼)

cru classé(크뤼 클라세/분류 양조장 포도주)

cuve(발효조)

cuvée(퀴베/특정한 양조분(량))

cuvée de prestige(고급 양조분(량))

cuvée spéciale(스페셜 퀴베/특별 양조분(량))

cuvier(양조시설)

dégustation(시음)

demi-sec(약감미 (백포도주/샴페인))

domaine(양조회사/양조장)

doux(감미 (백포도주/샴페인))

étiquette(라벨)

grand cru(그랑 크뤼/특급 밭)

grand cru classé(그랑 크뤼 클라세/특급 분류 포도주)

grand vin(특급 포도주)

IGP/indication géographique protégée(보호된 지리적 표시)

INAO/institut national des appellations d'origine(국립원산지명칭연구소)

lieu-dit(별칭 밭 이름/리외-디)

liquoreux(감미 (적포도주))

maison(양조상사)

merlot(메를로/멜롯 품종)

microclimats(미세기후)

millésime(수확 연도/빈티지)

millésimé(수확 연도 표기 (포도주))

mis en bouteille au château/à la propriété/au domaine(샤토/소유지/도멘에서 병입)

moelleux(중감미 (적포도주))

monopole(독점/모노폴)

négociant(네고시앙/중간제조-유통업자)

négociant-éleveur(숙성자-네고시앙)

négociant-vinificateur(양조자-네고시앙/양조 및 중간제조-유통업자)

NM/négociant-manupulant(양조자-네고시앙)

pinot noir(피노 누아르/피노 누아 품종)

premier cru(일급 밭/프르미에 크뤼)

premier grand cru classé(특1등급 분류 포도주/프르미에 그랑 크뤼 클라세)

région(생산지역)

riesling(리슬링 품종)

RM/récoltant-manipulant(포도수확-양조자)

rosé(분홍 포도주/로제 와인)

rouge(적포도주/레드 와인)

sauvignon blanc(소비뇽 블랑 품종)

sec(무감미 (백포도주))

sous-région((전체 지방보다 작은 영역인) 지구)

sulfites(아황산염/무수아황산(산화방지제))

syrah(시라/시라즈 품종)

terroir(테루아르/테루아_포도원의 위치와 토양을 포함한 모든 자연환경)

vieille vigne(오래된 포도나무)

vieillissement(장기 숙성)

vigneron(포도재배-양조자)

vigneron indépendant(독립 포도재배-양조자)

vignoble(포도밭/포도원)

vin(포도주)

vin de France(프랑스 식탁 포도주/VdT등급)

vin de pays/VdP(지방명 포도주)

vin de table/VdT(식탁 포도주)

vin mousseux(거품 포도주/스파클링 와인)

vinificateur(양조가)

vinification(양조)

viognier(비오니에 품종)

viticulteur(포도 재배자)

참고문헌

심을식, '보르도 지방 와인의 분류와 샤토château에 관한 고찰', 『프랑스학
　연구』 52권, 프랑스학회, 2010.

――――, '부르고뉴 와인의 특성과 지역에 따른 위계', 『프랑스문화연구』 26집,
　한국 프랑스문화학회, 2013.

유기선, '마꽁 포도주 AOC virée-clessé법령에 대해', 『한국 프랑스학논집』
　48집, 한국 프랑스학회, 2004.

전경준, '대학원 교양 및 체험 과목으로서 프랑스 포도주 강의', 『프랑스어문
　교육』 31집, 한국 프랑스어문교육학회, 2009.

――――, '프랑스 포도주 : 포도재배와 포도주의 역사를 중심으로', 『인문논총』
　12집, 한국교원대학교 인문과학연구소, 2012.

정남모, '알자스의 기후와 지형 그리고 포도주에 대한 지역 연구', 『프랑스문
　화연구』 19집, 한국 프랑스문화학회, 2009.

――――, '보르도의 양조용 포도 품종 카베르네 소비뇽 클론의 특성과 평가에

관한 연구', 『프랑스문화연구』 30집, 한국 프랑스문화학회, 2015.

조흥식, '프랑스 민족의 정체성과 포도주', 『프랑스학 연구』 46권, 프랑스학

회, 2008.

최재호, '문화 기호적 관점에서 본 와인 기술 관련 프랑스어 어휘 연구', 『프

랑스학 연구』 28권, 프랑스학회, 2004.

──────, '프랑스 명 와인의 지역별 특성 연구 – 론강과 르와르강 유역편 –',

『프랑스학 연구』 36집, 프랑스학회, 2006.

──────, '프랑스 와인의 지역별 특성 연구 (Bourgogne 편)', 『프랑스학 연구』

60권, 프랑스학회, 2012.

Bazin J.-F, L'étiquette du vin en Bourgogne et Beaujolais, JPM édition,

Macon, 2003.

Boutaud, J.-J, L'imaginaire de la table : convivialité, commensalité et

communication, L'harmatttan, Paris, 2004.

Carmenère, C., D. Madevon, P. Madevon, Les vins de France, Oenologie et

géographie, Nathan, Paris, 1993.

Casamayor, P, Le vin en 80 questions, Hachette, Paris, 2008.

CNRS, Trésor de la langue française, CNRS, Paris, 1980.

Debuigne, G, Dictionnaire des vins, Larousse, Paris, 1969.

Dovaz, M. & al, Petit Larousse des vins, Larousse, Paris, 2005.

Garrier, G, Histoire sociale et culturelle du vin, Larousse, Paris, 2005.

Hachette Pratique, Dictionnaire Hachette des vins de France, Hachette, Paris, 2012.

Moser, R, 'Les étiquettes anciennes du vin d'Alsace', in Revue d'Alsace : Boissons en Alsace de l'Antiquité à nos jours, N° 137, 2011.

Rey, A. & J. Rey-Debove, Le nouveau petit Robert de la langue française, Dictionnaires Le Robert, Paris, 2009.

Rosa, S, Le guide Hachette des vins, Hachette Livre, Paris, 2012.

프랑스엔 〈크세주〉, 일본엔 〈이와나미 문고〉,
한국에는 〈살림지식총서〉가 있습니다.

라벨로 보는 프랑스 포도주의 이해

펴낸날   초판 1쇄   2019년 2월 14일

지은이   **전경준**
펴낸이   **심만수**
펴낸곳   **(주)살림출판사**
출판등록   1989년 11월 1일 제9-210호

주소   경기도 파주시 광인사길 30
전화   031-955-1350   팩스 031-624-1356
홈페이지   http://www.sallimbooks.com
이메일   book@sallimbooks.com

ISBN   978-89-522-4025-5   04080
        978-89-522-0096-9   04080 (세트)

※ 값은 뒤표지에 있습니다.
※ 잘못 만들어진 책은 구입하신 서점에서 바꾸어 드립니다.

이 도서의 국립중앙도서관 출판시도서목록(CIP)은 서지정보유통지원시스템 홈페이지
(http://seoji.nl.go.kr)와 국가자료공동목록시스템(http://www.nl.go.kr/kolisnet)에서
이용하실 수 있습니다.(CIP제어번호: CIP2019002055)

책임편집·교정교열 **최문용**

089 커피 이야기

eBook

김성윤(조선일보 기자)

커피는 일상을 영위하는 데 꼭 필요한 현대인의 생필품이 되어 버렸다. 중독성 있는 향, 마실수록 감미로운 쓴맛, 각성효과, 마음의 평화까지 제공하는 커피. 이 책에서 저자는 커피의 발견에 얽힌 이야기를 통해 그 기원을 설명한다. 커피의 문화사뿐만 아니라 커피에 대한 일반적인 정보 및 오해에 대해서도 쉽고 재미있게 소개한다.

021 색채의 상징, 색채의 심리

박영수(테마역사문화연구원 원장)

색채의 상징을 과학적으로 설명한 책. 색채의 이면에 숨어 있는 과학적 원리를 깨우쳐 주고 색채가 인간의 심리에 어떤 작용을 하는지를 여러 가지 분야의 사례를 통해 설명한다. 저자는 색에는 나름대로의 독특한 상징이 숨어 있으며, 성격에 따라 선호하는 색채도 다르다고 말한다.

001 미국의 좌파와 우파

eBook

이주영(건국대 사학과 명예교수)

진보와 보수 세력의 변천사를 통해 미국의 정치와 사회 그리고 문화가 어떻게 형성되고 변해왔는지를 추적한 책. 건국 초기의 자유방임주의가 경제위기의 상황에서 진보-좌파 세력의 득세로 이어진 과정, 민주당과 공화당의 대립과 갈등, '제2의 미국혁명'으로 일컬어지는 극우파의 성장 배경 등이 자연스럽게 서술된다.

002 미국의 정체성 10가지 코드로 미국을 말하다

eBook

김형인(한국외대 연구교수)

개인주의, 자유의 예찬, 평등주의, 법치주의, 다문화주의, 청교도 정신, 개척 정신, 실용주의, 과학 · 기술에 대한 신뢰, 미래지향성과 직설적 표현 등 10가지 코드를 통해 미국인의 정체성과 신념을 추적한 책. 미국인의 가치관과 정신이 어떠한 과정을 통해서 형성되고 변천되어 왔는지를 보여 준다.

058 중국의 문화코드

강진석(한국외대 연구교수)

중국의 핵심적인 문화코드를 통해 중국인의 과거와 현재, 문명의 형성 배경과 다양한 문화 양상을 조명한 책. 이 책은 중국인의 대표적인 기질이 어떠한 역사적 맥락에서 형성되었는지 주목한다. 또한, 구체적이고 실제적인 여러 사물과 사례를 중심으로 중국인의 사유방식에 대해 설명해 주고 있다.

057 중국의 정체성　eBook

강준영(한국외대 중국어과 교수)

중국, 중국인을 우리는 과연 어떻게 이해해야 하나? 우리 겨레의 역사와 직 · 간접적으로 끊임없이 영향을 주고받은 중국, 그러면서도 아직까지 그들의 속내를 자신 있게 말할 수 없는, 한편으로는 신비스럽고, 한편으로는 종잡을 수 없는 중국인에 대한 정체성을 명쾌하게 정리한 책.

015 오리엔탈리즘의 역사　eBook

정진농(부산대 영문과 교수)

동양인에 대한 서양인의 오만한 사고와 의식에 준엄한 항의를 했던 에드워드 사이드의 오리엔탈리즘. 이 책은 에드워드 사이드의 이론 해설에 머무르지 않고 진정한 오리엔탈리즘의 출발점과 그 과정, 그리고 현재와 미래의 조망까지 아우른다. 또한 오리엔탈리즘이 사이드가 발굴해 낸 새로운 개념이 결코 아님을 역설한다.

186 일본의 정체성　eBook

김필동(세명대 일어일문학과 교수)

일본인의 의식세계와 오늘의 일본을 만든 정신과 문화 등을 소개한 책. 일본인을 지배하는 이데올로기는 무엇이고 어떤 특징을 가지는지, 일본을 주목해야 하는 이유는 무엇인지 등이 서술된다. 일본인 행동양식의 특징과 토착적인 사상, 일본사회의 문화적 전통의 실체에 대한 분석을 통해 일본의 정체성을 체계적으로 살펴보고 있다.

261 노블레스 오블리주 세상을 비추는 기부의 역사

예종석(한양대 경영학과 교수)

프랑스어로 '높은 사회적 신분에 상응하는 도덕적 의무'를 뜻하는 노블레스 오블리주. 고대 그리스부터 현대까지 이어지고 있는 노블레스 오블리주의 역사 및 미국과 우리나라의 기부 문화를 살펴보고, 새로운 시대정신으로 노블레스 오블리주를 부활시킬 수 있는 가능성을 모색해 본다.

396 치명적인 금융위기, 왜 유독 대한민국인가 eBook

오형규(한국경제신문 논설위원)

이 책은 전 세계적인 금융 리스크의 증가 현상을 살펴보는 동시에 유달리 위기에 취약한 대한민국 경제의 문제를 진단한다. 금융안정망 구축 방안과 같은 실용적인 경제정책에서부터 개개인이 기억해야 할 대비법까지 제시해 주는 이 책을 통해 현대사회의 뉴노멀이 되어 버린 금융위기에서 살아남는 방법을 확인해 보자.

400 불안사회 대한민국, 복지가 해답인가 eBook

신광영(중앙대 사회학과 교수)

대한민국 사회의 미래를 위해서 복지는 선택이 아니라 필수라고 말하는 책. 이를 위해 경제 위기, 사회해체, 저출산 고령화, 공동체 붕괴 등 불안사회 대한민국이 안고 있는 수많은 리스크를 진단한다. 저자는 사회적 위험에 대응하기 위한 복지 제도야말로 국민 모두의 삶의 질을 높일 수 있는 길이라는 것을 역설한다.

380 기후변화 이야기 eBook

이유진(녹색연합 기후에너지 정책위원)

이 책은 기후변화라는 위기의 시대를 살면서 우리가 알아야 할 기본지식을 소개한다. 저자는 기후변화와 관련된 핵심 쟁점들을 모두 정리하는 동시에 우리가 행동해야 할 실천적인 대안을 제시한다. 이를 통해 독자들은 기후변화 시대를 사는 우리가 무엇을 해야 할 것인지에 대하여 생각해 볼 수 있을 것이다.

eBook 표시가 되어있는 도서는 전자책으로 구매가 가능합니다.

(주)살림출판사
www.sallimbooks.com
주소 경기도 파주시 문발동 522-1 | 전화 031-955-1350 | 팩스 031-955-1355